“企业第二增长曲线系列”丛书

从战略到人才的
企业高质量增长引擎

李华丰　潘　蒂◎著

企业管理出版社
EMPH
ENTERPRISE MANAGEMENT PUBLISHING HOUSE

图书在版编目（CIP）数据

从战略到人才的企业高质量增长引擎 / 李华丰，潘蒂著. -- 北京 : 企业管理出版社，2025. 8. -- ISBN 978-7-5164-3335-5

Ⅰ. F279.23

中国国家版本馆 CIP 数据核字第 2025V4L302 号

书　　名： 从战略到人才的企业高质量增长引擎
书　　号： ISBN 978-7-5164-3335-5
作　　者： 李华丰　潘　蒂
策　　划： 蒋舒娟
责任编辑： 刘玉双
出版发行： 企业管理出版社
经　　销： 新华书店
地　　址： 北京市海淀区紫竹院南路 17 号　　**邮　　编：** 100048
网　　址： http://www.emph.cn　　**电子信箱：** 654552728 @qq.com
电　　话： 编辑部（010）68701661　发行部（010）68417763　68414644
印　　刷： 北京亿友数字印刷有限公司
版　　次： 2025 年 8 月 第 1 版
印　　次： 2025 年 8 月 第 1 次印刷
开　　本： 700 毫米 ×1000 毫米　1/16
印　　张： 13.75 印张
字　　数： 205 千字
定　　价： 62.00 元

PREFACE

序❶

当今世界正经历百年未有之大变局，全球经济格局深度重构，技术革命与产业变革浪潮迭起。中国经济从高速增长转向高质量发展，这是国家战略的必然选择，也是企业发展的根本出路。在这一背景下，《从战略到人才的企业高质量增长引擎》一书出版，恰逢其时。我作为中国宏观经济发展的长期关注者和微观企业改革管理的参与者，深感此书既切中大变局时代之脉搏，又符合中国企业转型升级之需要，为企业高质量发展提供了全面的发展思路。

变局之下，高质量发展刻不容缓

过去几十年，中国企业的成长得益于改革开放。改革使中国的人力资源优势得以释放，我们收获了人口红利；开放使中国融入世界，我们又收获了全球化红利。近年来，外部环境不确定性加剧，表现为中美贸易摩擦、技术封锁、贸易制裁、产业链重组等；国内部分产业面临发展瓶颈，表现为同质化竞争、“内卷化”严重等。企业作为经济的基本单元，其转型升级的成败直接关系到国家经济高质量发展的全局。本书捕捉到这一关键点，从政策导向、技术革命、组织革新等多维度切入，为企业指明从“量的积累”转向“质的飞跃”的路径。

理论与实践交融，构建系统性转型框架

理论与实践的紧密融合是本书的突出特点。作者在构建理论框架的同时，分析了大量企业实践案例，据我的粗略统计，本书的案例涉及十几个行业、五六十家中外企业，如科技行业的华为、苹果，零售行业的胖东来、沃尔玛，汽车行业的比亚迪、特斯拉，还有咨询行业的中外企业。这些生动的实证案例贯穿于各个章节，使抽象的理论观点变得具体可感，可信手拈来，为我所用。书中的“High-QD 高质量发展模型”整合了以人为本、创新发展等六大核心要素，为企业实现高质量发展提供了具体的实践框架，企业可以根据自身情况，在该模型的指导下制定适合自己的发展策略。

特别需要说明的是，本书专门提及民企代际传承问题，这涉及从家族延续到治理现代化的制度创新。作者就一成一败两个案例进行对照分析，总结了现有的主流路径，并提出了破局之道，给我留下深刻的印象，相信这会让面临相关问题的民营企业家产生更深的思考并获得实践的借鉴。

以人为本，激活创新原动力

人才是高质量发展的核心引擎，强调重视人才也是本书贯穿始终的主线。作者尖锐地指出，许多企业陷入生存困境，源于人才机制的错配，或由用人机制陈旧导致。在人才机制方面，对于本书提出的“一人一策”个性化培养模式和“高密度人才团队”的构建方法，以及人才结构优化、合作机制建立等人才管理建议，我深表赞同。我曾在全国职工教育管理委员会办公室工作，深知人才对企业发展的极端重要性；也参与过国家关于企业改革和管理的诸多重要文件的调研和起草，深知人才机制僵化对企业转型升级、科技创新的制约。本书强调“尊重内心”的经营理念，主张通过激活个体价值来驱动组织活力，这种以人才为核心的创新，突破了传统管理桎梏，揭示了组织活力

与个体创造力协同迸发的底层逻辑。

以史为鉴，向实而生

中国企业的转型之路注定充满挑战，历史经验表明，危机往往孕育着机遇。20 世纪 90 年代国企改革“抓大放小”的阵痛，换来了今日一批企业的崛起；当前数字化转型和人工智能的浪潮，同样需要企业以壮士断腕的勇气推进自我革命。书中各种生动案例所展现的经验表明，高质量发展的本质不是被动适应，而是主动创造。积极性、智慧和创造力是企业高质量发展的动力。

我相信，不论你是企业的管理者，还是经济管理部门的公务员，不论你是行业协会、商会、学会中的从业者，还是经济管理专业的在校生，都会从本书上百个鲜活的企业案例中得到有益的思想启迪，甚至会发现企业发展或自己人生的极限点，开始选择第二条增长曲线，彻底避开失速点，使企业得以高质量发展，使自己开始新的人生旅途。

国务院原参事　陈全生

PREFACE

序❷

在全球价值链深度重构、数字技术颠覆性创新的时代背景下，中国企业的高质量发展已不仅是经济命题，更是一场关乎生存哲学与管理理论的深刻变革。作为长期深耕管理学研究与教育实践的学者，我始终关注中国企业如何在复杂环境中实现韧性增长与价值提升。《从战略到人才的企业高质量增长引擎》一书以系统性思维与实证精神，为中国企业提供了兼具理论高度与实践深度的转型蓝图。此书既是对时代命题的回应，也是对管理学本土化创新的重要贡献。

从规模到质量：战略重构的实践路径

过去四十年，中国企业的成功很大程度上依赖“效率优先”的模式——通过规模化生产、低成本优势嵌入全球分工体系。然而，当前全球供应链的短链化、区域化趋势，以及地缘政治波动带来的“断链”风险，迫使企业必须重新定义竞争力内核，效率至上的逻辑已不足以应对不确定性。本书敏锐捕捉到这一转变，在“存增变”三维战略框架中，既强调以存量业务的精益化运营维持效率优势，又倡导通过增量创新与变量储备增强抗风险能力。这种动态平衡思维体现了从单一目标优化向复杂系统适配的进化。

组织进化：打破边界，激活协同生态

在数字化浪潮下，传统科层制组织的僵化日益凸显。本书提出“小微组织”“去边界化”等概念，直指组织变革的核心：通过拆解大团队为灵活单元，构建跨职能协作网络，企业能够使“管控型组织”进化为“激活型生态”。这种变革并非简单的结构重组，而是对“分工”与“协同”矛盾的创造性调和。例如，“去边界化”通过数据共享与流程透明，既保留专业分工的效率，又释放资源整合的潜力。这一理念与现代管理理论中“自组织”“生态共生”的探索不谋而合，为构建中国特色的敏捷管理模式提供了重要参考。

机制与人才：“道术为”思维下的双向革新

本书对管理机制的论述始终围绕“人”的价值释放展开。书中提出的“道术为”思维模型，以问题本质（道）为根基，以方法论（术）为路径，以执行力（为）为落点，构建了“理念——工具——行动”的闭环逻辑。这一模型并非纸上谈兵，而是直指中国企业转型的深层痛点——若价值观空洞，方法论僵化，执行流于形式，理论赋能便只能停留于表面。

人才战略则是这一逻辑的自然延伸。书中提出的“一人一策”培养模式与“高密度人才团队”构建方法，本质上是对“道术为”模型的实践演绎：以尊重个体差异为“道”，以动态角色适配、多元激励设计为“术”，以成果落地为“为”。这种“人才-机制”的共生关系，不仅破解了“内卷化”困局，更揭示了组织活力源自人性温度与技术理性的深度融合。

本土实践的全球启示：管理理论的再创造

现代管理学只有一百多年的发展历史，始于第一次工业革命带来的产业变革。蒸汽机的发明极大地增强了人类的“体力”，繁重的工作可以由机器来做，遥远的距离可以由机动车来跑。技术的进步推动产业变革，特别是大规模制造的出现，其主要原因为：流水线上的机器设备需要大量的资金投入，投资回报需要大批量的生产，而新型的交通工具使得产品的市场覆盖面变得十分广大，在很大程度上促进了生产。人类的生产活动由此进入了一个“技术——效率——规模”的良性循环，涌现出了一大批优秀且体量巨大的企业。大规模的企业需要专业化的管理，以及专业的管理理论与方法，管理学应运而生，而商学院的出现则是为了回应企业界对大批职业经理人的需求。

由此可见，管理学的发展与产业实践是密不可分的，哪里有产业实践尤其是大规模的管理实践，哪里就有管理创新和管理学的发展。所以，现代管理学的发展史到目前为止主要是一部由西方主导的发展史，因为历次工业革命的发源地都在西方。商学院的发展也类似。

四十多年前，中国吹响了改革开放的号角，这创造了举世瞩目的发展奇迹。作为世界第二大经济体，中国已经是全球产业实践的中心，如此丰富的产业实践必然催生大量的管理创新，而世界管理学的发展正期盼着中国的声音。这需要广大企业家和管理学者承担起这一历史使命。

本书基于大量的企业管理经验，梳理总结了中国企业的转型实践，提出了一个集战略、组织、技术、文化等要素，连接价值导向和落地执行的完整理论框架，不失为一次理论与实践相结合的有益探索。期待本书激发更多的人深入地思考和积极地行动，共同书写中国企业管理实践与世界管理理论的新篇章。

是为序。

上海交通大学安泰经济与管理学院院长　陈方若

RECOMMEND

推 荐

当今很多企业陷入“内卷化”竞争的困局，不上不下，进退两难。在众多原因中，企业缺乏真正的差异化的竞争战略，未能系统性构建争壁垒和战略性关键能力，也许是最重要的。

《从战略到人才的企业高质量增长引擎》一书紧扣“政策+技术”双轮驱动背景，结合人工智能、数字经济等前沿领域的发展，为企业提供本土化转型和突围的路径。书中独创的“High-QD 高质量发展模型”整合六大要素，覆盖全链条；“存增变”三维战略框架打破传统思维模式，兼顾优化、拓展与创新；“小微组织”“超级员工”等组织升级理念以及“一人一策”人才策略兼具前瞻性与落地性。全书贯穿政策解读、原创模型与实战案例，为企业指出了一条高质量增长的路径。无论是对于处于转型深水区的传统企业，还是对于急需创新发展的新兴企业，此书都是从战略规划到执行的全景指南。

——陈玮

CGL 集团副董事长、咨询业务 CEO

北大汇丰商学院管理实践教授

在产业周期加速迭代的当下，中国企业正处于从规模扩张到价值创造的战略转型深水区，组织能力的系统性重构已成为企业决胜商业未来的核心命题。本书构建了极具洞察力的组织转型方法论体系：通过“战略-组织-人才”三维耦合模型，打通从顶层设计到执行的价值传导链条。其中，“小微组织”的创新架构有效破解了科层制组织熵增难题，“去边界化”为激活组织微循环提供了可落地的解决方案，“一人一策”的个性化发展方案能够使企业真正具备数据驱动的科学决策基础。书中呈现的工具及案例解析，更使理论框架具备了“即插即用”的实战价值。企业高管团队可将本书学习作为转型必修课，在不确定性环境中构建有确定性的组织优势。

——龚渊

光辉国际（Korn Ferry）资深全球合伙人

在当今云谲波诡的商业世界，企业如何突破增长的天花板，实现高质量发展?《从战略到人才的企业高质量增长引擎》为您拨开迷雾。本书精准把脉经济趋势，深度解析政策机遇，从战略升级到人才驱动，全方位勾勒企业突围路径。书中不仅有“High-QD 高质量发展模型”等所体现的前沿理念，更有国企、民企转型实战案例，助您洞见未来，打造企业“第二增长曲线”。本书是企业管理者不可或缺的案头宝典。

——林光明

励衿咨询公司董事总经理，著有《领导力基因》《敏捷基因》

在逆全球化暗流与数字革命浪潮的交织碰撞中，全球制造业正在经历范式重构的转型阵痛期。新质生产力已经成为企业突破增长瓶颈、实现高质量发展的关键。

作为一家上市公司的董事长兼 CEO，经过二十多年的砥砺前行，我带领中集车辆从中国走向全球，完成了第一次和第二次创业。面对发展新质生产力的历史性机遇，我带领公司于 2023 年开启了第三次创业的新征程，致力于成为全球半挂车行业的探索者、构建者和全价值链推广者。

全球制造业竞争的关键点已经从“规模效率”转向“价值创造效率”。本书提出“High-QD 高质量发展模型”，并提到人才是高质量发展的根基，创新发展是核心引擎，以深刻的洞察为企业家绘制出转型升级的精准路线图，与我的思路不谋而合。

百年未有之大变局在加速演进，我们唯有保持战略定力，集中精力办好自己的事，增强企业韧性，做好应对各种冲击的准备，才能打造企业的“第二增长曲线”。

——李贵平

中集车辆（集团）股份有限公司董事长兼CEO

在我看过的诸多论述如何应对新的经济大环境的图书中，这是唯一一本强调“以人为本”的企业新发展理念的著作。在三十几年的工作和创业过程中，我观察了上千家企业的发展历程，发现赢在最后的大多是高度关注人才、以人为本的企业。这些企业的管理者不但关注科技创新，更推动了行业发展，极具使命感。

企业“内耗的断舍离”，这个提法太好了。大部分企业隐性成本巨大，或者有些成本投入并没有带来收益，但止损的成本很高。企业使用各种手段降本增效，最快的是在供应链上下游调整价格，这样不但不利于建立良好的利益共同体，而且会严重伤害生态的创新力。本书对此给出了很好的案例分析和建议。企业在战略上要选择“不做”什么，要聚焦核心价值，我们有太多“全知道”的企业，也有太多“全能干”的企业，缺乏的是仅为创造战略价值而干的组织。新的思考，新的方向，引领我们走向在新时代让中国经济为世界带来福祉的终极目标。

——吕威

CDP集团创始人、董事长兼CEO

在全球经济转型与企业战略升级的关键时期，组织能力的重塑与人才效能的激活是企业突破增长瓶颈的核心。本书以“战略-组织-人才”三位一体的系统性视角，为企业提供了极具前瞻性的转型框架。本书融合政策洞察、实战方法论与标杆案例，既为战略落地提供工具，也为人才管理注入新思维。

推荐每一位致力于构建韧性组织的领导者深度阅读本书，共同探索高质量发展的全球实践！

——李晓虹

远景动力全球首席人力资源官

前博世全球执行副总裁、前博世亚太 HREVP

在百年变局的迷雾中，企业如何跨越增长陷阱、重构组织生命力？作者以“第二增长曲线”为锚点，独创“High-QD 高质量发展模型”，打通了战略升维、组织进化与人才激活的闭环，为成熟企业突破增长瓶颈提供了可落地的操作系统。作为见证中国企业三十多年组织变革的人力资源从业者，我尤为认同作者“人才密度决定创新高度”的见解。书中对个体价值释放与组织战略升级深度融合的思考，或许能成为中国企业家穿越周期的指南针，助力我们在质量革命中破茧新生。

——沈雁

通用电气医疗（GE HealthCare）大中华区首席人才官

当下宏观环境不确定性增强，企业实现增长难，获得突破更难。如何找到可持续的“第二增长曲线”?《从战略到人才的企业高质量增长引擎》给出了务实的答案。

作者李华丰与潘蒂，一位是服务过上千家企业的实战顾问，一位是拥有三十年跨国企业管理经验的资深专家，他们以扎实的经验直指企业从“求快”到“求质”的转型关键。书中用“存增变”战略框架、灵活组织模式等工具，结合真实案例，为企业阐释政策机遇与落地方法。

作为从业二十余年的风险投资人，我深知企业家在发展中的困扰，尤其是在当下这个风起云涌的变局时代。本书的珍贵之处在于既有视野又接地气——国企要稳中求变，民企要精准突围，都能在本书中找到破局启发。在不确定性增强的时代，本书是帮助企业少走弯路、扎实前行的指南。

——王晖

弘晖基金创始人

在当前中国经济转向高质量发展的关键阶段，企业如何突破传统增长瓶颈，找到新的发展动力，提高组织的效率，是每个管理者必须面对的问题。本书从政策方向、战略调整、组织变革等角度，为企业提供了切实可行的转型思路，如“High-QD 高质量发展模型”和“存增变”战略框架等，为企业解决管理升级的实际问题提供了明确指导。推荐各位企业家和管理者阅读本书，共同探索高质量发展的新路径。

——吴涵渠

深圳奥拓电子股份有限公司董事长

本书作者曾在 2021—2022 年为理邦仪器提供了卓越领导力咨询培训项目，他们以丰富的理论知识和管理经验为理邦组织能力和领导力的提升提供了宝贵的意见和指导。本书展现了他们的深刻洞察与实践智慧，聚焦于中国企业从规模扩张向质量驱动的转型路径，从政策、战略、组织、机制与人才等关键维度进行了系统性的探讨，为中国企业的高质量发展提供了相应的理论指导与实践指南。

——张浩

深圳市理邦精密仪器股份有限公司总裁

CONTENT

目录

第一章

新时代企业发展新格局

当前，全球经济格局深刻调整，我国经济发展已进入战略机遇与风险挑战并存的历史新时期。在经济格局加速重构的当下，企业正面临着史无前例的严峻挑战。外部环境的不确定性加剧，技术封锁、贸易壁垒频现，同时，企业间的“内卷”趋势愈发明显，竞争态势空前激烈，这不仅导致了资源的非理性消耗，还严重制约了效率的提升。

为破此局，企业必须革新发展路径，从以往的粗放型扩张转向质量与效率并重的精细化发展。这要求企业通过激活并优化现有资源、强化创新驱动与科技赋能等多重策略，灵活适应市场的新变化与需求的新动向，着力构建差异化竞争优势，奠定长期发展的坚实基础，从而在激烈的市场竞争中立于不败之地。

本章内容深入剖析新时代企业发展的现实背景、理论基础、历史经验与目标格局，为企业发展新征程绘制了一幅清晰的路线图。

1 第一节 新时代背景下企业发展的两个重要导向

一、发展新质生产力

国家政策导向对于企业的发展具有重要的引领作用。新质生产力是创新起主导作用，摆脱传统经济增长方式、生产力发展路径，具有高科技、高效能、高质量特征，符合新发展理念的先进生产力质态。它由技术革命性突破、生产要素创新性配置、产业深度转型升级而催生，以劳动者、劳动资料、劳动对象及其优化组合的跃升为基本内涵，以全要素生产率大幅提升为核心标志，特点是创新，关键在质优，本质是先进生产力。

在新时代背景下，企业作为经济发展的微观主体，必须顺应趋势，加快向发展新质生产力转型，主要涵盖五个方面：大力推进科技创新、以科技创新推动产业创新、着力推进发展方式创新、扎实推进机制创新和深化人才工作机制创新。通过以上创新途径，企业可以提升自身的生产力水平和核心竞争力，更好地适应市场变化和政策导向，实现可持续发展。

二、高质量发展

推动高质量发展是“十四五”乃至更长时期我国经济社会发展的主题，也是企业发展的必然要求。

在高质量发展阶段，我国经济从高速增长转向中高速增长，经济发展方式从规模速度型粗放增长转向质量效率型集约增长，经济结构从增量扩能为主转向调整存量、做优增量并举，经济发展动力从传统增长点转向新的增长点。这些趋势性变化表明，我国经济正在向着形态更高级、分工更复杂、结构更合理的阶段演化。在高质量发展的背景下，企业应深刻理解并践行创新驱动、绿色发展、协调发展和共享发展。展开而言，企业应依靠科技创新来推动产业升级和经济结构优化；采用环保技术和工艺，减少污染物排放，提高资源利用效率，实现经济发展与环境保护的良性互动；积极参与区域经济合作，推动城乡一体化发展，优化产业布局，促进产业链上下游企业的协同发展；通过提供高质量的产品和服务，满足人民群众日益增长的美好生活需要。

2 第二节 新时代背景下“发展”的独特内涵

当前时期与过往相比，具有显著的不同之处。首先，全球经济格局正在发生深刻变化，新一轮科技革命和产业变革加速演进，数字经济、人工智能、生物技术等新兴产业蓬勃发展，为企业发展带来了新的机遇和挑战。其次，国内经济迈向高质量发展阶段，经济增长动力从要素驱动、投资驱动转向创新驱动，企业需要更加注重技术创新和管理创新，提升自身的产品质量和效益。最后，国家政策更加注重引导企业向发展新质生产力转型，推动产业结构优化升级，促进经济可持续发展。

综上所述，在新的时代背景下，企业需要深刻理解国家政策的导向，顺应经济发展的大趋势，加快向发展新质生产力转型，通过创新和科技赋能实现存量资源的盘活和优化配置，构建差异化竞争力，以适应行业成熟阶段的市场竞争，实现高质量发展。

一、破除“内卷”：以良性竞争赢得发展

当前，中国企业正处于转变发展方式的关键阶段，劳动力成本上升，资源环境约束增强，粗放的发展方式难以为继，经济循环不畅问题十分突出。同时，世界新一轮科技革命和产业变革方兴未艾、多点突破。中国企业必须践行高质量发展理念，以适应科技新变化、人民新需要，形成优质、高效、多样化的供给体系，提供更多优质产品和服务。

“内卷”是中国企业面临的一个严峻挑战。它是市场竞争的自然结果，会导

致企业陷入低效循环的状态，管理和决策模式僵化，员工投入大量时间、精力于重复性工作，但产出有限。这种同质化竞争越来越激烈已经成为不争的事实。

当今企业的“内卷”突出表现为以下几个现象。

（一）价格战

在某些行业中，企业往往通过价格战来争夺市场份额，尽管这种策略在短期内可能吸引部分客户，但长期来看却削弱了企业的盈利能力，限制了企业的创新空间，导致行业整体质量和服务水平下滑，陷入恶性循环。

以汽车行业为例，近年来，随着新能源汽车的快速发展和传统燃油车市场的竞争加剧，许多汽车经销商不得不通过降价来吸引消费者。然而，这种价格战不仅导致经销商普遍亏损，还影响汽车的品质和行业的服务质量。中国汽车流通协会发布的《2024 中国汽车流通行业年度报告》显示，新车市场“价格战”频发导致 2024 年汽车行业利润率仅为 4.3%，低于整个下游工业利润率及 2023 年水平。2024 年 1—11 月，新车市场“价格战”已致使新车市场整体零售累计损失 1776 亿元。

价格战虽然可能在短期内带来一定的市场份额增长，但长期来看却会对企业的盈利能力、创新空间、产品及服务质量造成严重损害。

（二）产品和服务同质化

在当今的商业环境中，不同企业的产品和服务同质化现象日益严重，这不仅削弱了企业的竞争力，也影响了消费者的选择体验。以共享单车行业为例，随着市场的迅速扩张，越来越多的企业涌入这一领域，在性能、外观、营销手段上相互模仿，产品和服务趋同性极强。消费者在选择时，往往难以看到不同品牌之间的差异。这种同质化不仅削弱了品牌的个性，也模糊了市场的精准定位。

中国多数企业过去的成功，在一定程度上得益于“拿来主义”的策略，即对前人成果的借鉴与吸收。然而，当这种策略被过度应用，就可能导致产品和服务的同质化。虽然“拿来主义”在一定程度上加快了企业的发展，但企业也需要在借鉴的基础上进行创新，以避免陷入同质化的困境。

咨询行业同样存在“复制粘贴”的现象。咨询公司为了快速完成项目或满足客户需求，有时会直接套用以往的成功案例或模板，而忽视了对客户具体情况的深入分析和个性化解决方案的制定。这种做法虽然提高了效率，但也可能导致咨询服务的同质化和缺乏创新性。

这样的同质化现象不仅限制了企业的创新能力和市场发展空间，也让消费者在众多相似的产品和服务中难以做出选择。因此，如何在借鉴中保持个性和创新，成为企业未来发展中需要深思的问题。

（三）KPI 崇拜与量化绩效主义

在当今的商业环境中，KPI（关键绩效指标）已成为众多企业衡量员工表现的重要工具。然而，当 KPI 被过度崇拜，甚至成为衡量员工表现的唯一标准时，其带来的负面效应不容忽视。这种标准单一的量化绩效主义不仅忽视了工作的实质性价值，还严重抑制了员工的创新动力。

许多企业陷入了 KPI 崇拜的误区，将“996”加班文化视为奋斗的象征。员工们为了完成看似重要的 KPI 指标，投入了大量的时间和精力，但工作效率大打折扣，更在无形中扼杀了创新精神和探索新事物的勇气。员工无暇顾及工作中的创新点，企业的整体创新能力就会受到严重抑制。

更为严重的是，KPI 崇拜还可能导致企业内部的恶性竞争和不良行为。为了完成指标，一些员工不惜破坏规则，甚至伤害客户的利益。例如，某企业员工为了完成销售额 KPI，采用欺骗手段诱导消费者购买不必要的产品；又如，某快递公司为了提升配送时效 KPI，忽视了包裹的安全和完整，导致客户收到破损的商品。这些行为不仅损害了客户的权益，也对企业的声誉和形象造成不良影响。

与此同时，一些企业内部晋升机会有限，晋升路径不清晰，导致员工即使付出了巨大努力也难以获得应有的回报。这种不公平的晋升机制进一步给员工带来挫败感和不满情绪，影响了他们的工作积极性和动力。员工们由此开始质疑 KPI 的公正性和有效性，对企业的忠诚度和归属感也逐渐降低。

并非所有企业都盲目崇拜 KPI。一些具有前瞻性的企业开始注重员工的全面发展和个人成长，探索反 KPI 的管理模式，打破单一量化绩效主义的束缚。这些企业不仅关注员工的工作业绩，还重视员工的职业素养、团队协作能力和创新能力等多方面的发展。通过提供培训、晋升和激励等多元化的发展机会，企业成功激发了员工的内在潜力和工作动力。

综上所述，KPI 崇拜与量化绩效主义虽然在一定程度上提高了企业的管理效率和员工的工作效率，但其带来的负面效应不容忽视。企业应当摒弃标准单一的量化绩效主义，探索更加科学、全面和人性化的管理模式。

二、成长的蜕变：企业如何跨越成熟期的门槛

“内卷”现象尽管带来了一系列挑战，却也从另一个视角揭示了行业发展的成熟度和市场竞争的激烈程度。根据行业生命周期理论，一个行业从诞生到完全退出社会经济活动，会依次经历初创期、成长期、成熟期和衰退期（见图 1–1）。

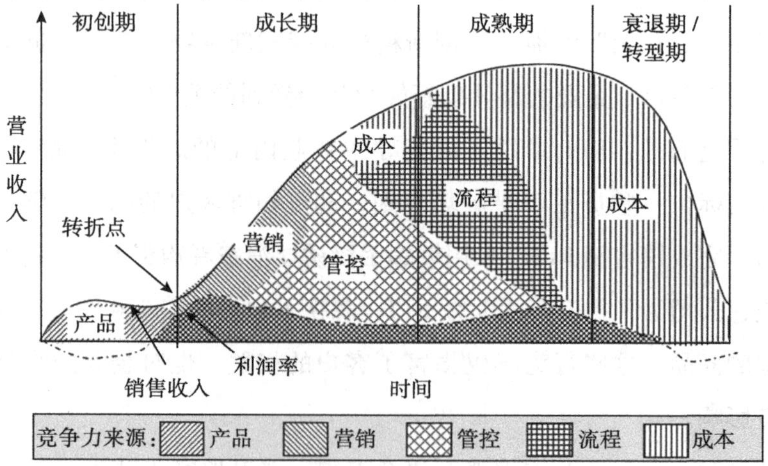

图 1–1　行业生命周期

在成长期，市场如日中天，需求呈现高速增长态势，技术逐渐趋于稳定，行业特点、竞争状况及用户特征逐渐明朗。此时，企业进入门槛逐渐提高，产品种类和竞争者数量显著增加。然而，当行业步入成熟期，市场增长开始放缓，需求增长趋于平稳，技术已经相当成熟，行业特点、竞争状况及用户特征变得异常清晰且稳定。这一时期，买方市场逐渐形成，行业盈利能力有所下降，新产品和新用途的开发难度显著增加，行业进入壁垒也随之提高。

从理论层面来看，“内卷”现象是行业发展到一定阶段的必然产物。当行业进入成熟期后，市场竞争愈发激烈，市场饱和度不断提升，企业间的竞争焦点逐渐转向资源争夺和内部竞争。在这种背景下，企业为了生存，可能面临内部竞争加剧、员工工作压力骤增、加班文化盛行、职场竞争白热化等“内卷”现象。这些现象不仅考验着企业的韧性和应变能力，也为企业带来了新的挑战。

因此，正确认识“内卷”现象并寻求有效的应对策略，对于企业的可持续发展乃至整个行业的繁荣至关重要。在行业从成长期向成熟期转变的关键阶段，哪些企业能够脱颖而出，成为行业的新领军者？

（一）持续创新的企业

技术创新是企业成长的关键驱动力，尤其是在行业从成长期向成熟期转变的过程中。根据相关研究，技术创新能够显著提升企业的核心竞争力，使其在激烈的市场竞争中脱颖而出。例如，宁德时代通过持续的技术创新，在新能源汽车电池领域取得了全球领先地位，其研发投入占营业收入的比例始终保持在6%以上，这不仅推动了企业自身的发展，也为整个行业的技术进步做出了贡献。此外，技术创新还能帮助企业降低成本、提高生产效率、优化产品质量，从而增强企业的市场适应能力和盈利能力。

在企业成长期，技术创新主要体现在新产品开发和生产工艺改进上，帮助企业快速占领市场份额，实现规模扩张。而在企业成熟期，技术创新则更多地聚焦于产品升级、服务优化和商业模式创新，以维持企业的竞争优势和市场份额。以苹果公司为例，其在成熟期通过不断推出升级版的 iPhone 和优化 iOS 生态系统，持续吸引消费者，保持了在全球智能手机市场的领先地位。此外，技术创新还能帮助企业拓展新的业务领域和市场空间，实现多元化发展，进一步巩固企业的市场地位。

（二）注重规模经济的企业

1. 规模经济的含义

规模经济是指企业在生产过程中，随着产量的增加，单位产品的成本逐渐下降的现象。这种现象通常发生在企业扩大生产规模时，固定成本被分摊到更多的产品上，从而降低了单位成本。规模经济可以分为内部规模经济和外部规模经济。

内部规模经济指企业通过自身扩大生产规模而获得的成本优势。具体包括技术经济（通过采用先进技术降低成本）、财务经济（通过大规模融资降低资金成本）、管理经济（通过优化管理流程提高效率）、商业经济（通过大规模采购降低采购成本）、风险承担经济（通过分散风险降低单位风险成本）以及研发经济（投入更多资金进行研发创新）。

外部规模经济指依赖多家企业的合理分工与联合、合理的地区布局等形成的成本优势。例如，在产业园区内，多家企业可以共享基础设施、劳动力市场和技术信息等资源，从而降低各自的生产成本。此外，产业集群的形成还可以促进企业的专业化分工和协作，提高整个地区的产业效率。

2. 规模经济的作用

在企业成熟期，规模经济的作用主要体现在以下几个方面。

①降低成本。单位产品成本的降低使得企业在市场竞争中具有价格优势，能够以更低的价格销售产品，吸引更多消费者，从而扩大市场份额。例如，沃尔玛通过大规模采购和统一配送，降低了采购成本和物流成本，从而在市场竞争中占据了优势地位。

②提高资源利用效率。企业能够更充分地利用各种生产要素，包括人力、物力和财力，减少资源的浪费，提高资源的配置效率。例如，大型汽车制造

企业通过大规模生产，实现了零部件的标准化和专业化生产，提高了生产效率，降低了单位成本。

③增强市场竞争力。较低的成本和较高的生产效率使企业在市场竞争中处于更有利的地位，能够更好地应对竞争对手的挑战，增强生存和发展能力。例如，丰田和大众等汽车企业在全球范围内建立了大规模的生产基地，通过大规模采购原材料、优化生产流程和采用先进的生产技术，不断降低生产成本，提高产品质量和市场竞争力。

④促进技术创新。更多的资金和资源被投入到技术研发和创新中，推动企业不断改进生产技术、提高产品质量、开发新产品，从而进一步提升核心竞争力。例如互联网企业 Facebook，随着用户数量的增加，其运营成本并没有成比例增加，而广告收入却大幅增长，单位用户的服务成本不断降低，实现了规模经济。

成熟期的行业特点是低速增长导致竞争加剧，企业需要通过规模经济降低成本，提高效率。那些已经形成规模优势的企业，能够在成本和服务上更具竞争力。

（三）注重高质量服务的企业

高质量服务是指企业在提供产品或服务过程中，通过高标准的服务、专业的服务态度和高效的服务流程，满足甚至超越客户期望，从而提升客户满意度和忠诚度。它不仅是企业与客户互动的核心环节，也是企业竞争力的重要体现。

高质量服务能够促使企业不断收集客户反馈，了解客户需求的变化趋势，从而推动企业在产品和服务方面进行创新。例如，苹果公司通过不断收集用户反馈，对 iPhone 进行持续优化和升级，推出了如 Face ID、夜间模式等创新功能，满足了用户对手机性能和功能的更高要求。根据美国客户满意度指数（ACSI）的研究，客户满意度每提高 1%，企业的市场份额可以增加 0. 5%。

高质量服务能够满足客户的个性化需求，增强客户的体验感和获得感，从而提高客户对企业的认可度和满意度。一项针对全球 500 强企业的调查显示，客户忠诚度每提高5%，企业的利润可以增加25%至95%。通过持续提供高质量服务，企业能够与客户建立长期稳定的合作关系，降低客户流失率，提高客户的复购率和推荐率。

在竞争激烈的市场中，品牌形象是企业的无形资产，高质量服务能够为企业树立良好的口碑和品牌形象，使企业在消费者心目中脱颖而出，从而吸引更多的潜在客户，扩大市场份额。

随着市场竞争的加剧，产品和服务的同质化现象日益严重，高质量服务成为企业差异化竞争的重要手段。通过提供卓越的服务，企业能够在价格、产品功能等方面与其他竞争对手区分开来，从而获得竞争优势。

随着行业增速变缓，技术更加成熟，购买者对产品的选择越来越取决于企业所提供的产品价格与服务的组合。因此，注重提高产品质量和服务质量的企业更有可能获得市场的青睐。例如，方太定位为“中国高端厨电专家与领导者”，砍掉了多数低端产品线，把所有的战略资源都聚焦到高端市场上，注重提高产品质量和服务质量。

（四）具备国际化视野的企业

国际化视野对企业的发展具有深远的意义，尤其是在行业从成长期向成熟期转变的过程中。国际化视野使企业能够在全球范围内整合资源、配置要素、开拓市场，实现资本、技术、人才等要素的全球流动和优化配置。例如，华为通过国际化战略，不仅在通信设备领域取得了全球领先地位，还在5G技术、智能手机等领域实现了对全球市场的广泛覆盖。国际化视野还能帮助企业更好地应对全球市场的竞争和挑战，提升企业的核心竞争力和抗风险能力。在企业成熟期，国际化视野的体现更为明显，主要体现在以下几个方面。

1. 全球市场布局与运营

企业在全球范围内建立生产基地、研发中心、销售网络等实体机构，实现全球市场的全覆盖和高效运营。例如，中远海运通过“港口服务+海运+物流”的全链合作模式，保障能源、矿产、粮食等关键物资的安全运输，为全球供应链的稳定提供坚实支撑。

2. 属地化经营与管理

企业注重属地化生产运营，通过在目标市场建立本土生产基地、研发中心以及销售网络，积极融入当地市场环境，提升属地化经营水平。例如，华为在海外设立了多个全球研发中心，与当地人才合作，推动产品技术符合各国市场需求。

3. 品牌建设与文化传播

企业通过全球品牌建设、文化传播和当地化策略，打造强势品牌形象，进一步提升全球市场竞争力和影响力。例如，海尔集团通过“自主创牌”和“当地化”策略，创建了当地主流用户认可的本土化品牌，实现了从“中国制造”到“中国创造”的跨越。

4. 国际合作与竞争

企业积极参与国际合作，与国际企业开展技术、市场、资源等方面的合作，同时在国际市场上与国际企业展开竞争，提升企业的国际竞争力。例如，国家电网通过与国际能源企业的合作，共同推进全球能源互联网建设，提升了我国在全球能源电力行业的影响力。

总的来说，能够在技术创新、规模经济、高质量服务和国际化视野等方面表现出色的企业，更有可能在行业从成长期向成熟期转变的过程中胜出。

三、跨洋取经：西方企业如何破解发展瓶颈

西方企业在发展过程中经历了多个阶段，其发展历程和策略对国内各行业发展具有重要启示。

（一）西方企业发展历程概述

1. 工业革命初期的兴起

工业革命是西方企业发展的起点，这一时期的企业主要集中在纺织、机

械制造等行业。以英国为例，18 世纪 60 年代，哈格里夫斯发明珍妮纺纱机，标志着工业革命的开始。此后，瓦特改进蒸汽机，进一步推动了工业生产的机械化和规模化。这一时期的企业规模相对较小，但技术创新和生产效率的提升为企业积累了原始资本，为后续的发展奠定了基础。据统计，18 世纪末至 19 世纪初，英国的工业产值增长了数倍，企业数量也大幅增加。

2. 两次世界大战期间的扩张

两次世界大战期间，西方企业经历了快速扩张的阶段。战争的需求刺激了企业的发展，特别是在军工、化工、钢铁等行业。例如，美国的杜邦公司在一战期间通过生产火药和化学制品，利润大幅增长，企业规模也迅速扩大。同时，战争也促进了企业的技术创新，在飞机制造、无线电通信等领域取得了重大突破。这一时期，企业的组织形式也发生了变化，从家族企业逐渐向现代股份制企业转变，企业的治理结构更加完善，管理更加科学化。

3. 20 世纪中后期至今的多元化与全球化

20 世纪中后期，西方企业进入多元化和全球化的发展阶段。随着科技的进步和市场需求的多样化，企业开始拓展业务领域，从单一产品向多元化产品转型。例如，通用电气公司从电气设备制造扩展到金融、医疗、航空等多个领域，形成了庞大的企业集团。同时，经济全球化的加速使得企业将目光投向国际市场，通过跨国并购、海外投资等方式拓展全球业务。据统计，20 世纪 80 年代至 90 年代，跨国公司的数量和规模均大幅增长，全球贸易和投资的规模也不断扩大。这一时期，企业的战略重点从国内市场转向国际市场，注重品牌建设和全球资源配置，以提升企业的国际竞争力。

（二）西方企业发展策略分析

1. 创新驱动与技术领先策略

西方企业在发展过程中始终将创新作为核心驱动力，通过不断的技术革新和产品升级来保持竞争优势。例如，IBM 公司在计算机领域持续投入研发资源，从早期的大型机到个人电脑，再到云计算和人工智能，IBM 始终处于技术前沿。据统计，IBM每年的研发投入占其总收入的5%以上，这为其在技术创新方面提供了坚实的资金支持。此外，苹果公司通过不断推出具有创新性的产品，如iPhone、iPad，改变了人们的生活方式和消费习惯，打造了全球最具价值的品牌之一。苹果公司每年在研发上的投入高达数十亿美元，这使其能够持续推出具有竞争力的产品。

创新驱动不仅体现在产品技术上，还体现在企业管理、市场营销等方面。例如，丰田公司通过引入精益生产模式，大幅提高了生产效率和产品质量，降低了成本，成为全球汽车行业的标杆企业。精益生产模式的推广使得丰田在全球汽车市场中占据了重要地位，其市场份额和盈利能力也得到了显著提升。

2. 市场导向与客户至上策略

西方企业高度重视市场导向和客户需求，通过深入了解市场动态和客户偏好，制定相应的产品和服务策略。例如，宝洁公司通过市场调研和消费者反馈，不断优化其产品线，推出了众多深受消费者喜爱的品牌，如海飞丝、飘柔、潘婷等。宝洁公司每年投入大量资金进行市场调研，以确保其产品能够满足不同消费者的需求。此外，星巴克通过提供优质的产品和服务，营造独特的消费体验，吸引了大量忠实客户。星巴克注重员工培训和服务质量，通过与顾客的良好互动，提升了顾客满意度和忠诚度。据统计，星巴克的顾客忠诚度高达80%以上，这为其在全球市场的扩张提供了有力支持。

市场导向还体现在企业的战略决策上，企业会根据市场需求的变化及时调整产品策略和市场定位。例如，微软公司在操作系统市场占据主导地位后，及时调整战略，进军云计算和人工智能领域，以应对市场变化和竞争挑战。微软与客户紧密合作，了解其在数字化转型中的需求，推出了Azure云平台等一系列产品和服务，满足了客户在云计算、大数据、人工智能等方面的需求，进一步巩固了其在科技领域的领先地位。

3. 合作与联盟策略

西方企业在发展过程中广泛采用合作与联盟策略，通过与其他企业、科研机构、高校等建立合作关系，实现资源共享、优势互补，提升企业的竞争力和创新能力。例如，波音公司与全球多家航空公司、供应商和科研机构建立了长期合作关系，共同开展技术研发和产品创新。波音公司通过与供应商的合作，优化了供应链管理，降低了成本，提高了产品质量和交付效率。同时，波音公司还与科研机构合作，开展前沿技术研究，为未来的产品开发奠定了基础。据统计，波音公司在全球范围内拥有超过100家合作伙伴，这些合作伙伴为其提供了强大的技术支持和丰富的市场资源。此外，谷歌公司与众多科技企业、高校和科研机构建立了合作关系，共同开展人工智能、大数据等领域的研究和应用。谷歌公司通过与合作伙伴的紧密合作，加快了技术创新和产品推广，增强了在科技领域的影响力和竞争力。

（三）对中国企业的启示

1. 技术创新与产业升级

西方企业的发展历程表明，技术创新是推动企业持续发展的核心动力。中国企业应借鉴这一经验，加大在技术研发上的投入，与高校、科研机构合作，建立产学研协同创新机制。例如，华为公司每年将收入的10%以上投入到研发中，与全球多所高校和科研机构合作，推动5G通信、人工智能等领域的技术创新，使其在全球通信市场中占据领先地位。此外，政府应出台相关政策，支持中小企业开展技术创新活动，提高整个行业的技术水平和竞争力。同时，中国企业还应注重技术的转化和应用，将科研成果快速转化为实际生产力，推动产业升级和转型。

2. 市场拓展与品牌建设

市场导向和客户至上的策略是西方企业成功的重要因素之一。中国企业在发展过程中，应更加关注市场需求和客户体验，通过市场调研和客户反馈，不断优化产品和服务。例如，小米公司通过互联网模式与用户互动，根据用户需求快速迭代产品，推出了性价比高的智能手机和智能家居产品，赢得了大量用户的认可和较高的市场份额。此外，中国企业还应加强品牌建设，提升品牌知名度和美誉度。品牌是企业的无形资产，具有强大的市场竞争力，中国企业在拓展市场时，应注重品牌形象的塑造和传播，通过高质量的产品和服务树立良好的品牌形象，提高品牌的客户忠诚度和市场占有率。

3. 产业协同与生态构建

西方企业通过合作与联盟策略，实现了资源共享和优势互补，提升了企业的竞争力和创新能力。中国企业也应加强产业协同，构建良好的产业生态系统。例如，在新能源汽车领域，比亚迪通过与上下游企业合作，建立了完整的产业链，从电池研发生产到整车制造，实现了产业协同和资源整合，提高了企业的竞争力和市场影响力。此外，中国企业还应鼓励企业之间的战略联盟和并购重组，通过整合资源实现规模经济和协同效应。同时，政府应加强产业规划和引导，推动产业集群发展，形成产业协同创新的良好环境，促进整个行业的健康发展。

西方企业的发展轨迹与策略，为中国的行业转型与发展提供了极为宝贵的经验与启示。自工业革命初期的蓬勃兴起，历经两次世界大战期间的迅速扩张，再到从20世纪中后期开始的多元化布局与全球化战略，西方企业凭借持续创新的精神、积极的市场拓展以及广泛的合作，实现了稳健的发展与壮大，这些宝贵经验对于推动国内各行业的发展具有极为重要的借鉴价值。

3 第三节 行业成熟阶段的特征

一、坚守规则

（一）多赢规则维护的必要性

1. 避免恶性竞争

在成熟行业中，多赢规则的维护是避免恶性竞争的关键。以航空业为例，国际航空运输协会（IATA）制定的航线分配和票价规则有效规范了航空公司的运营行为。如果没有这些规则，航空公司可能通过无序的价格战来争夺市场份额，这不仅会损害航空公司的盈利能力，还会降低整个行业的服务质量。据统计，当航空公司遵守 IATA 规则时，行业平均利润率可维持在 8%左右，而一旦出现恶性竞争，利润率可能下降至 3%甚至更低。这种价格战不仅会影响航空公司的财务健康，还会导致航班延误增加、服务质量下降等问题，最终影响乘客的出行体验。

2. 维护行业信任基础

多赢规则的维护对于维护行业信任基础至关重要。以香港金融行业为例，香港金融管理局（简称“金管局”）制定了严格的监管规则，如资本充足率要求和反洗钱规定，为金融机构设定了明确的行为准则。这些规则不仅保护了投资者的利益，还增强了市场对金融机构的信任。一旦有机构违规，金管局会采取严厉措施，如罚款、吊销牌照等，同时其他合规的金融机构也会通过行业协会等形式对违规者进行谴责和抵制。这种机制意味着违规要付出极大的代价，从而有效维护了行业的整体声誉。这种高信誉不仅吸引了大量国际投资者，还促进了香港金融市场的长期稳定发展。

（二）多赢规则对行业生态的影响

1. 平衡各方利益

多赢规则在行业中起到了平衡各方利益的关键作用，使得不同利益相关者能够在健康、稳定的环境中共同发展。如上所述，金管局制定严格的监管规则，这些规则通过设定明确的行为准则，使得金融机构在追求利润的同时兼顾风险控制和社会责任，从而实现了投资者、金融机构和监管机构之间的利益平衡。

在航空业中，国际航空运输协会（IATA）制定的航线分配和票价规则，有效平衡了航空公司、乘客和机场等各方的利益。这些规则确保航空公司在合理的利润空间内运营，避免了恶性竞争导致的利润下滑和服务质量下降。

同时，乘客也能够享受到相对稳定和合理的票价以及高质量的航空服务。这种利益平衡机制不仅保障了航空公司的盈利能力，还维护了乘客的权益，促进了航空运输市场的长期稳定发展。

2. 保障市场有序发展

多赢规则的维护对于保障市场的有序发展至关重要。在成熟行业中，规则能够有效规范市场行为，避免无序竞争和市场混乱。以中国香港金融行业为例，金管局通过严格的监管规则和严厉的处罚机制，确保金融机构合规运营，这种机制不仅提高了违规成本，还增强了市场的自我约束能力，进一步维护了市场的整体秩序。

在航空业中，各国政府通过国际民用航空组织（ICAO）制定的规则，确保航空运输的安全和效率。这些规则涵盖了航空安全、环境保护和市场准入等多个方面，为航空业的健康发展提供了坚实的法律基础。同时，IATA 制定的航线分配和票价规则，进一步规范了航空公司的运营行为，保障了航空运输市场的有序发展。据统计，遵守 IATA 规则的航空公司，其航班延误率平均降低了 20%，服务质量满意度提高了 15%。这种有序的市场环境不仅提升了航空公司的运营效率，还改善了乘客的出行体验，促进了航空运输市场的长期稳定发展。

（三）多赢规则的案例分析：香港金融行业的规则维护

香港金融行业是全球金融体系的重要组成部分，其稳定性和信誉在很大程度上依赖严格的规则维护。金管局作为主要监管机构，制定了一系列监管规则，包括资本充足率要求、反洗钱规定等，以确保金融市场的稳定和公平竞争。

1. 严格的监管规则

金管局制定的监管规则涵盖了金融机构的各个方面，如资本充足率、流动性要求、风险管理和内部控制等。这些规则不仅确保金融机构有足够的资金应对潜在风险，还防止了非法资金流入金融体系。例如，香港银行的平均资本充足率长期保持在15%以上，远高于国际标准的8%。这种高资本充足率有效增强了金融机构的抗风险能力，保障了金融市场的稳定。

2. 监管机构的监督与处罚

金管局通过定期检查、现场审计和风险评估等方式，对金融机构进行严格监督。一旦发现违规行为，金管局会采取严厉措施，如罚款、吊销牌照等，这种严厉的处罚机制不仅提高了违规成本，还有效震慑了潜在的违规行为，维护了金融市场的稳定和公平竞争。

3. 行业协会的自律与约束

除了监管机构的监督，香港的金融机构还通过行业协会等形式进行自律和约束。行业协会通过制定行业标准和自律规则，促进成员之间的公平竞争和合作。例如，香港银行公会通过发布行业指引和组织培训，帮助成员银行更好地遵守监管规则。这种自律机制不仅提高了违规成本，还改善了行业的自我约束能力，进一步维护了行业的整体声誉。

二、构建利益共同体

在当今的商业环境中，构建利益共同体已成为企业持续发展与增强竞争力的关键策略之一。这一理念强调企业不仅应追求自身利益最大化，更应注重与供应商、员工及消费者等利益相关方的共赢，通过紧密合作形成协同效应，共同推动行业的进步与繁荣。胖东来正是这一理念的杰出实践者。

胖东来不仅关注自身发展，更致力于构建与供应商、员工和消费者的利益共同体，其独特模式在业界独树一帜。具体而言，胖东来通过一系列创新举措，实现了与各方利益的深度绑定与共同成长。

（一）构建利益共同体的具体举措

1. 零进场费与自采自营

胖东来颠覆传统零售行业的惯例，不收取供应商进场费、促销费等任何额外费用，这一举措极大地降低了供应商的成本负担，使得商品能够以更加具有竞争力的价格进入市场，最终惠及广大消费者。同时，胖东来大部分商品采用自采自营模式，自采比例高达80%，直接与供应商建立合作关系，从源头上把控商品质量和成本，确保商品的新鲜度与价格优势。

2. 联合采购与四方联采

早在2001年，胖东来便展现出前瞻性的战略眼光，联合其他三家公司共同组建了“四方联采”组织。通过联合采购的方式，以更大的采购量换取更低的采购价格，有效提升了议价能力，降低了采购成本。同时，与供应商建立信息共享机制，实时监控库存状况，优化库存结构，避免库存积压和缺货，提高了供应链的稳定性和效率。

3. 供应商支持与服务

胖东来对供应商的管理既严格又充满人文关怀。通过设立严格的评估和考核机制，对供应商进行全面评价，并根据供货质量、及时性、售后服务等多方面因素综合评分。对于表现优秀的供应商，胖东来给予更多合作机会和优惠政策，激励其积极参与合作。此外，胖东来还注重对供应商的培训，定期举办培训课程，分享市场趋势等前沿知识，帮助供应商提升竞争力，实现共同成长。

（二）利益共同体对行业稳定的作用

1. 增强合作

（1）长期稳定合作

通过与供应商构建利益共同体，胖东来与供应商之间建立了长期稳定的合作关系。这种关系不仅基于经济利益，还基于相互信任和共同发展的理念。例如，胖东来与一些供应商合作多年，通过不断优化合作模式，实现了互利共赢。这种长期稳定的合作关系使得双方能够在市场变化中共同应对挑战，保持业务的稳定发展。

（2）共同应对风险

在面对原材料价格上涨或者市场需求波动时，胖东来与供应商能够协商应对策略，而不是单方面转嫁成本或者减少供应。例如，当原材料价格出现波动时，双方可以通过协商调整价格、优化产品结构等方式，共同分担风险。这种共同应对风险的机制不仅降低了企业的经营风险，还维护了整个行业的稳定运营。

2. 推动行业发展

（1）提升行业标准

胖东来通过与供应商的紧密合作，推动了整个行业的质量标准和服务水平的提升。例如，胖东来对商品质量的严格要求和对供应商的高标准评估，促使供应商不断提升自身的生产和服务水平。这种高标准的要求不仅提升了胖东来的商品品质，也带动了整个零售行业的质量提升。

（2）促进创新与进步

利益共同体的构建还促进了企业之间的创新与进步。胖东来与供应商之间的合作不局限于传统的采购和销售，还涉及产品研发、市场推广等多个方面。例如，胖东来与供应商共同研发新产品，推出符合市场需求的创新产品。这种创新合作不仅提升了企业的竞争力，也推动了整个行业的技术进步和创新发展。

（三）利益共同体对社会的积极影响

1. 提升消费者满意度

（1）商品质量与价格优势

通过构建利益共同体，胖东来能够为消费者提供更高质量、更具价格优势的商品。例如，胖东来的自采自营模式和联合采购机制，使得商品能够以更低的成本进入市场，消费者能够以更实惠的价格购买到优质商品。这种商品质量与价格的优势不仅提升了消费者的满意度，还增强了消费者对胖东来的信任和忠诚度。

（2）优质服务体验

胖东来注重消费者的服务体验，通过提供优质的服务，让消费者在购物过程中感受到更多的便利和舒适。例如，胖东来的员工在服务过程中展现出的高素质和专业精神，让消费者感受到贴心的服务。这种优质的服务体验不仅提升了消费者的满意度，还为整个零售行业树立了良好的服务标杆。

2. 带动地方经济发展

胖东来通过与当地供应商的紧密合作，带动了地方经济的发展。例如，胖东来与河南当地的农产品供应商合作，促进了当地农业的发展，增加了农民的收入。这种对地方经济的带动作用不仅提升了当地的经济发展水平，还促进了社会的和谐稳定。

3. 推动企业履行社会责任

胖东来在经营过程中积极履行社会责任，通过与供应商的合作，推动了整个行业的社会责任履行。例如，胖东来在采购过程中注重供应商的环保生产和社会责任履行情况，推动供应商实施可持续发展措施。这种对社会责任的推动不仅提升了企业的社会形象，还促进了整个社会的可持续发展。

胖东来通过与供应商构建利益共同体，不仅实现了自身业务的稳定发展，还推动了整个零售行业的合作与进步。这种利益共同体的构建增强了企业之间的合作关系，提升了行业标准和服务水平，促进了创新与进步，也为消费者提供了更优质的服务和商品，推动了社会的和谐发展。

三、行业可持续发展

（一）成熟阶段的行业特征与可持续发展的契合

1. 技术成熟稳定

在成熟阶段，行业内的技术已经相对成熟和稳定，企业能够更高效地利用资源，减少浪费和污染。这与可持续发展的理念相契合，即通过技术创新和优化，实现经济、社会和环境的协调发展。

2. 市场竞争虽激烈但有序

成熟阶段的行业竞争更加激烈，但也更加有序。企业为了在竞争中脱颖而出，会更加注重产品质量、品牌建设和承担社会责任，这有助于推动行业的可持续发展。例如，企业会通过提高产品质量和品牌知名度来吸引消费者，同时会更加注重环境保护和社会责任，以提升企业的社会形象和竞争力。

3. 用户需求稳定且多样化

成熟阶段的行业用户需求相对稳定，但也更加多样化。企业需要不断满足用户多样化的需求，这促使企业不断创新和优化产品和服务，提高资源利用效率，弱化对环境的影响。例如，消费者对环保、健康、可持续发展的产品和服务的需求不断增加，企业为了满足这些需求，会更加注重产品的环保性能和可持续性。

（二）可持续发展对成熟阶段行业的影响

1. 提升行业竞争力

可持续发展能够提升行业的整体竞争力。通过优化资源配置、提高生产效率、减少环境污染，企业能够降低生产成本，提高产品质量和市场竞争力。例如，采用循环经济模式的企业，能够通过资源的循环利用和废弃物的减量化处理，降低生产成本，提高经济效益。

2. 推动行业创新

可持续发展推动行业内的技术创新和管理创新。企业为了实现可持续发展目标，会不断投入研发资源，探索新的技术和管理模式，提高资源利用效率和生产效率。例如，一些企业通过研发和应用新的环保技术，实现了生产过程的绿色化和低碳化。

3. 增强行业稳定性

可持续发展有助于增强行业的稳定性。通过弱化对环境的影响和社会资源的消耗，企业能够更好地应对市场变化和政策调整，降低经营风险。例如，一些企业在面对环保政策的压力时，通过提前布局和实施可持续发展战略，成功地应对了政策变化，保持了企业的稳定发展。

四、构建独特竞争力

（一）企业间差异化竞争

在智能手机行业，尽管市场竞争激烈，但各企业通过构建独特竞争力来实现差异化。例如苹果公司，其独特竞争力在于强大的生态系统。苹果的 iOS 操作系统与硬件设备紧密结合，形成了包括应用商店、音乐、视频等多个服务在内的封闭生态系统。用户一旦进入这个生态系统，就会因为其便捷性和优质体验而产生较高的忠诚度。而华为则在通信技术、摄影技术等方面构建独特竞争力。华为的 5G 通信技术处于行业领先地位，其手机的摄影功能通过与徕卡等专业相机品牌合作以及自身不断的技术研发，能够提供高质量的拍照体验。这种差异化使得华为在高端手机市场与苹果等品牌形成竞争格局，也吸引了不同需求的消费者群体。

（二）独特竞争力对行业发展的意义

企业构建独特竞争力有助于推动整个行业的技术进步和产品创新。企业为了在竞争中脱颖而出而不断挖掘自身优势，会促使行业内的知识和技术不断交流和融合。例如在家电行业，一些企业专注于智能家电的研发，通过物联网技术实现家电设备之间的互联互通，为消费者提供更加便捷的智能家居体验。这种创新不仅提升了企业自身的竞争力，也推动了整个家电行业向智能化方向发展，促使其他企业也加大在智能技术方面的投入，从而带动行业整体升级。

五、重视组织和管理

（一）使命驱动与效益平衡

以华为为例，华为秉持着“把数字世界带入每个人、每个家庭、每个组织，构建万物互联的智能世界”的使命，在组织管理方面兼顾财务和非财务效益。在财务效益方面，华为通过高效的供应链管理、研发成本控制等措施，保持了较高的盈利水平；在非财务效益方面，华为注重员工的职业发展，建立了完善的培训体系和晋升机制，让员工能够不断提升自己的能力。同时，华为积极参与社会公益活动，如在自然灾害发生时提供通信保障和救援支持等。华为还追求短期、中期和长期的平衡。在短期，华为通过满足客户需求和抓住市场热点来实现销售增长；在中期，华为加大研发投入，培养新的技术优势和产品线；在长期，华为致力于构建全球领先的通信生态系统，为未来的可持续发展奠定基础。

（二）组织和管理对行业稳定和发展的推动作用

重视组织和管理的企业能够在成熟行业中保持竞争力，并且对行业稳定和发展起到积极的推动作用。良好的组织管理能够提高企业的运营效率，减少内部矛盾和资源浪费。例如在传统制造业，一些企业通过精益生产管理方法，优化生产流程，降低库存成本，提高产品质量。这种高效的管理模式不仅提升了企业自身的竞争力，还能够通过供应链的协同效应带动上下游企业共同提高效率，促进整个行业的稳定发展。同时，企业的使命驱动和对非财务效益的重视也能够提升企业的社会形象，增强消费者对行业的信任，为行业的长期发展营造良好的社会环境。

六、重视人才

（一）人尽其才与人才培养

人尽其才，意味着企业要充分认识并发挥每个员工的独特才能和潜力。这要求企业不仅要关注员工的专业技能，还要深入了解他们的兴趣爱好和职业规划，从而将其安排到最合适的岗位上。这样的安排不仅能提高员工的工作满意度和效率，还能激发他们的创新精神和团队协作能力，为企业的创新发展注入源源不断的活力。

人才培养则是企业持续发展的基石。在知识经济时代，技术和市场的变化日新月异，企业只有不断培养和提升员工的能力和素质，才能适应这种变化并保持竞争优势。因此，建立完善的内部培训体系，为员工提供多样化的培训课程和学习资源是企业不可或缺的责任。

以腾讯公司为例，该公司深知人才的重要性，并在实践中将人尽其才与人才培养的理念落到了实处。腾讯根据员工的专业技能和兴趣爱好进行岗位安排，让每位员工都能在适合自己的岗位上发挥所长。同时，腾讯学院为员工提供丰富的培训课程，鼓励员工进行自我学习和提升，为公司的持续发展储备了丰富的人才资源。

（二）人才对行业创新和发展的关键作用

重视人才的企业，犹如为行业创新和发展注入了不竭的源泉，持续提供着强劲的动力。人才作为推动企业创新的核心要素，在成熟行业中发挥着举足轻重的作用。企业通过积极吸引和培养高素质人才，不断激发创新活力，从而源源不断地推出新颖的产品和服务。以软件行业为例，那些优秀的软件工程师，凭借深厚的专业功底和卓越的创新能力，开发出更高效、更智能的软件产品，引领着行业的技术革新。

同时，人才的流动更是促进行业内知识传播和技术交流的重要纽带。当人才在不同企业间自由流动时，他们不仅带走了在原企业积累的宝贵经验和技术，更将这些先进的技术和管理理念带到了新的企业，如同播撒知识的种子，助力新企业茁壮成长。这种人才的流动与交流，极大地推动了整个行业的技术进步和管理水平的提升，为行业的繁荣发展注入了新的活力。

4 第四节 新时代所驱动的转型与创新浪潮

一、企业生存之道：“活下去”是第一要务

在新时代的大背景下，企业面临的市场环境充满了不确定性。市场竞争日益激烈，新的竞争者不断涌入，给企业带来了巨大的生存压力。消费者需求也在不断变化，呈现出多样化、个性化的特点，这对企业的产品和服务提出了更高的要求。经济环境的波动、政策法规的调整以及技术的快速变革，都增加了企业经营的不确定性。

在这种复杂多变的市场环境下，企业必须将“活下去”作为首要战略目标。“活下去”是企业发展的基础，只有生存下来，企业才有机会实现长期发展和战略目标。为了实现这一目标，企业需要从多个方面采取措施。

成本控制是企业实现“活下去”目标的关键。企业应加强成本管理，通过精细化管理、优化供应链、节约能源资源等方式，降低生产、采购、销售等各个环节的成本。在生产环节，企业可以采用先进的生产技术和设备，提高生产效率，降低单位产品的生产成本；在采购环节，与供应商建立长期稳定的合作关系，争取更优惠的采购价格和付款条件，降低采购成本；在销售环节，优化销售渠道，降低销售费用。此外，企业还应精简管理层次，减少管理人员的数量，降低管理成本，提高决策效率。

现金流管理对于企业的生存至关重要。企业应建立健全现金流管理体系，加强对现金流量的预测和监控，确保有足够的现金来支付各项费用和偿还债务；合理安排资金的使用，避免资金的闲置和浪费；优化应收账款

和应付账款的管理，缩短应收账款的周转周期，加快资金回笼；合理利用供应商提供的信用期，适当延长付款时间，增加企业的资金流动性；建立现金储备，以应对市场波动、经济衰退等不可预见的情况，增强企业的抗风险能力。

以服装企业 ZARA 为例，在市场需求波动较大的情况下，ZARA 通过快速响应市场需求，缩短产品的设计、生产和上市周期，减少库存积压，降低了库存风险。同时，ZARA 优化供应链管理，与供应商紧密合作，实现了高效的生产和配送，降低了成本，保持了良好的现金流状况，从而在激烈的市场竞争中得以生存。

二、适应行业成熟阶段，构建差异化竞争力

（一）认识行业成熟阶段的特征

在新时代的经济发展进程中，许多行业逐渐步入成熟阶段，这一阶段呈现出一系列显著特征。从市场增长态势来看，市场增速明显放缓，行业逐渐趋近饱和状态。以智能手机市场为例，随着智能手机的普及，市场需求逐渐趋于稳定，消费者更换手机的频率降低，市场增长空间有限。市场竞争格局也趋于稳定，行业内的主要企业已经占据了相对稳定的市场份额，新进入者面临较高的壁垒。

行业成熟阶段也给企业带来了诸多挑战。一是利润空间受到严重压缩，由于市场竞争激烈，产品价格逐渐下降，而原材料、人力等成本却在不断上升，企业的利润空间越来越小。二是创新难度加大，在行业发展初期，技术创新相对容易，企业可以通过推出新产品、新技术来获得竞争优势，但在行业成熟阶段，技术已经相对成熟，创新的难度和成本都大幅增加。三是市场需求逐渐趋于饱和，企业需要在有限的市场空间内争夺份额，这对企业的市场拓展能力提出了更高的要求。

（二）差异化竞争力的构建策略

1. 精准定位

精准定位是企业构建差异化竞争力的关键。企业需要深入分析目标客户群体，挖掘其未被满足的需求。通过市场细分，将市场划分为不同的子市场，针对每个子市场的特点和需求，制定个性化的营销策略。企业可以根据消费者的年龄、性别、收入、消费习惯等因素，将市场细分为不同的群体，然后针对每个群体的需求，推出符合其需求的产品和服务。

寻找小众但有潜力的市场也是精准定位的重要策略。这些小众市场虽然规模较小，但竞争相对较弱，企业可以通过满足这些市场的特殊需求，获得较高的市场份额和利润。例如，一些专注于高端定制服装、特色手工艺品等小众市场的企业，通过提供个性化的产品和服务，在市场中获得了一席之地。

2. 产品与服务创新

在行业成熟阶段，产品与服务创新是企业保持竞争力的核心。企业应不断推出个性化产品，满足客户多样化的需求。以汽车行业为例，除了传统的燃油汽车，一些企业推出了电动汽车、混合动力汽车等新能源汽车，满足了消费者对环保、节能的需求。同时，企业还可以通过优化服务体验，提高客户的满意度和忠诚度。例如，一些企业提供 24 小时在线客服、上门维修、定期回访等服务，让客户享受到更加贴心、便捷的服务。

持续创新需要企业加大研发投入，培养创新人才，建立创新机制。企业可以与高校、科研机构合作，共同开展技术研发和创新，提高企业的创新能力；鼓励员工提出创新想法和建议，对有价值的创新成果给予奖励，营造良好的创新氛围。

3. 成本控制与效率提升

在保证质量的前提下降低成本、提高生产效率，是企业在行业成熟阶段构建差异化竞争力的重要手段。企业可以通过优化供应链管理，与供应商建立长期稳定的合作关系，降低采购成本；引入先进的生产技术和设备，提高生产自动化程度，降低人工成本，提高生产效率。

以富士康为例，作为全球知名的电子制造企业，富士康通过优化供应链管理，与全球众多优质供应商建立了紧密的合作关系，确保了原材料的稳定供应和价格优势。同时，富士康不断引入先进的生产技术和设备，推进智能制造，提高了生产效率和产品质量，降低了生产成本，在激烈的市场竞争中保持了强大的竞争力。

（三）未来展望：拥抱变化，持续发展

新时代所驱动的变革对企业战略管理产生了深远的影响，为企业的发展带来了全新的机遇与挑战。在这个充满不确定性的时代，企业必须深刻认识到“活下去”是首要战略目标——通过成本控制、现金流管理等措施，确保企业在复杂多变的市场环境中生存下来。

随着行业逐渐步入成熟阶段，企业要积极构建差异化竞争力，通过精准定位、产品与服务创新、成本控制与效率提升等策略，在激烈的市场竞争中脱颖而出。同时，企业应借鉴成功企业的战略实践经验，不断优化自身的战略管理，以适应市场的变化。

展望未来，企业需要保持敏锐的市场洞察力，持续关注政策动态、市场趋势和技术发展，及时调整战略方向；加强创新能力建设，培养高素质的人才队伍，提升企业的核心竞争力；积极履行社会责任，实现企业与社会、环境的和谐发展。只有这样，企业才能在新时代的浪潮中把握机遇、迎接挑战，实现长期稳定的发展，为经济社会发展做出更大的贡献。

第二章

中国企业的转型升级与时代使命

1 第一节 High-QD 高质量发展模型

在全球经济格局深刻变革与数字化转型的双重驱动下，高质量发展已成为企业突破增长瓶颈、实现转型升级的核心路径。基于中国本土实践与全球管理智慧的融合，本书提出“High-QD 高质量发展模型”，系统整合六大核心要素：以人为本（Human-oriented）、创新发展（Innovative Development）、系统思维（General Thinking）、尊重内心（from Heart）、管理四模型（Quadrilateral Management）、数据+AI（Data+AI）。这些要素彼此关联、相互强化，共同构成企业高质量发展的实践框架与价值底座（见图 2-1）。

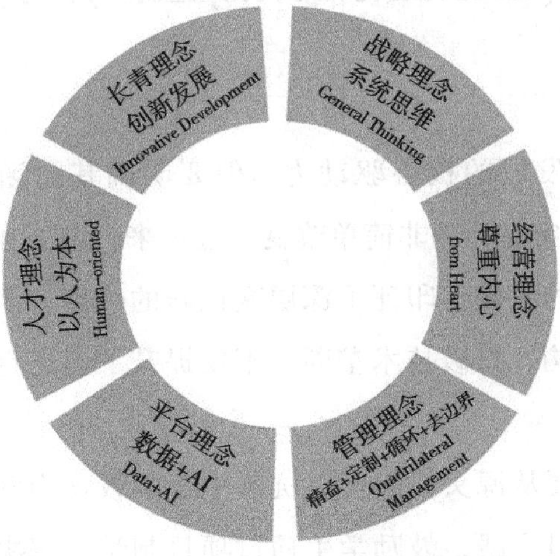

图 2-1 High-QD 高质量发展模型

一、以人为本（Human-oriented）：高质量发展的根基

高质量发展的首要原则是“以人为本”，即所有战略、制度与行动的出发点必须回归人的需求。这里的“人”涵盖客户、员工、资本方以及更广泛的社会群体。忽略人的诉求，任何发展模式都难以持久。

例如，在企业管理中，员工不仅是执行者，更是价值创造的参与者。若企业仅关注短期利润而忽视员工成长需求，将导致人才流失与创新动力不足；在服务领域，若忽视客户体验，即使产品技术领先，也难以建立长期品牌忠诚度。近年来，一些企业通过员工持股计划、弹性工作制、客户共创机制等实践，将“以人为本”转化为具体行动，实现了效率与人性化的平衡。

这一理念的深层逻辑在于，企业与社会的进步最终服务于人的福祉。无论是技术研发、产品设计，还是组织管理，只有以人的真实需求为锚点，才能避免资源浪费与方向偏差，真正实现可持续发展。

二、创新发展（Innovative Development）：突破性增长的核心引擎

创新是高质量发展的核心驱动力，但要明确其内涵——真正的创新是“从0到1”的底层突破，而非简单改良。近年来，中国在人工智能、量子计算、新能源等领域的突破，印证了深层次创新的价值。例如，某科技企业通过自主研发芯片架构，打破技术垄断，不仅提升了市场竞争力，更带动了产业链的整体升级。

创新的培育需要从源头抓起。以杭州中小学教育为例，其课程体系强调批判性思维与跨学科实践，鼓励学生通过项目制学习解决问题。这种教育模式培养出的创新基因，为未来社会提供了强大人才储备。企业层面，创新则需构建容错机制与资源投入保障。华为每年将15%以上的营收投入研发，并

通过“蓝军机制”鼓励内部挑战，正是系统性创新文化的体现。

三、系统思维（General Thinking）：复杂问题的破解之道

在追求高质量发展的过程中，系统思维是避免短视决策的关键。与坊间流行的“把复杂问题简单化”不同，系统思维强调“深入浅出”：在分析问题时全面考量关联要素，在解决问题时抓住关键矛盾。

以企业数字化转型为例，若仅将数字化视为技术工具升级，忽视组织架构、流程制度、员工能力的同步调整，往往导致投入与产出失衡。系统思维的实践路径在于先通过多维分析构建全局认知（深入），再聚焦于关键节点设计解决方案（浅出）。这种思维方式尤其适用于跨部门协作、长期战略规划等复杂场景。

四、尊重内心（From Heart）：商业本质的价值回归

在中国经济快速增长的过程中，部分企业偏离商业本质，引发产品质量危机、员工职业倦怠等问题。高质量发展的第四要素“尊重内心”，强调回归对客户、员工及社会价值的敬畏。

胖东来超市是这一理念的典型实践者。其创始人于东来认为，商业的本质就是服务，即通过高于行业标准的薪资激发员工服务热情，以无条件退换货制度建立客户信任，甚至主动公示商品成本价以消除信息不对称。这种看似“反效率”的做法，反而使其在电商冲击下实现逆势增长，单店坪效达到行业平均水平的3倍。

尊重内心的本质是建立长期主义价值观。当企业将利润视为价值创造的结果而非目标时，才能真正构建差异化的竞争力。这一原则同样适用于个体：员工在获得合理回报的同时，需要感知工作的意义感；管理者在追求绩效时，须警惕对人性化管理的忽视。

五、管理四模型（Quadrilateral Management）：组织升级的实践框架

在管理层面，高质量发展要求企业突破传统“一刀切”的粗放管理模式，向精细化、动态化的赋能模式转型。这一转型体现为四个核心维度的系统性升级：精益化、定制化、循环化与去边界化。四者共同构成组织适应复杂环境、激发内生动能的实践框架。

1. 精益化：从标准到精准

精益化的核心是打破“统一标准”的思维惯性，根据业务特性、发展阶段与职能属性设计差异化管理规则。例如，同一集团内，对于成熟业务应强化风险管控与流程标准化，而对于新兴业务则需要预留试错空间，允许非常规决策路径；针对不同部门的管理策略，研发团队的管理应侧重成果导向，弱化考勤约束，而生产部门则应细化安全规范与操作标准。这种差异化并非放任自流，而是通过动态识别业务需求，将资源投入与风险控制精准匹配。

2. 定制化：从普适性到场景化

定制化强调从“标准化供给”转向“场景化适配”。企业应针对不同对象的需求设计专属管理方案：对多元业态的事业部，应根据不同行业的规律制定考核指标；对跨代际的员工群体，应结合其职业诉求设计激励工具。以物业服务为例，某企业推行“一盘一策”模式，针对高端住宅、老旧社区、商业综合体等不同场景，分别制定服务标准与运营策略，使管理规则真正服务于价值创造，而非流于形式。

3. 循环化：从碎片化到闭环化

循环化旨在解决管理动作的碎片化问题，通过构建“目标设定——执行跟踪——效果评估——迭代优化”的完整闭环，确保管理动作的可持续性。以人才培养为例，传统培训往往止步于课堂授课，而循环化机制要求将学习成果转化为实践应用，再通过复盘总结反哺制度优化。例如，某企业要求员

工在完成培训后提交实践案例报告，并将优秀案例纳入内部知识库，形成“输入——转化——输出”的良性循环，使人才培养从消耗性投入转变为价值创造链条的关键环节。

4. 去边界化：从分工到协同

随着组织扁平化与项目制的普及，跨职能协作成为常态。企业须打破部门壁垒与岗位界限，通过项目制、小微团队等形式构建灵活协同机制。例如，某制造业企业将研发、生产、销售人员混编为“铁三角”小组，直接对接区域市场，使客户需求直达产品迭代流程，决策链条缩短60%。同时，未来的组织管理将更依赖“超级员工”——能够整合资源、跨越边界的复合型人才，而非固守职能边界的执行者。

六、数据+AI：效率跃迁的技术支撑

当前，AI技术正被广泛应用于企业管理中，成为提升效率的重要工具。本模型将“数据+AI”作为关键要素，旨在通过智能化手段解决传统管理的痛点。

例如，通过AI，企业可以整合员工的能力数据、学习记录和职业目标，自动生成个性化培养方案，实现员工培养的“一人一策”：针对技术型员工推荐专项技能培训，为潜力管理者设计跨部门轮岗计划等，帮助每个人在适合自身的路径上成长。

需要注意的是，AI工具的落地必须结合企业实际需求。例如，制造业的AI系统应融入生产安全标准，零售业的算法应匹配消费者行为规律。通过将通用技术与行业特性结合，AI才能真正提升管理效率。

本质上，数据+AI不是替代人的决策，而是通过分析海量信息、发现隐藏规律，为管理者提供更精准的决策支持。这种技术赋能，让管理从“凭经验”转向“靠数据”，成为高质量发展的加速器。

以上便是“High-QD高质量发展模型”的核心框架。这一模型以以人为

本为根基，以创新发展为动力，以系统思维为方法论，以尊重内心为价值导向，以管理四模型为实践抓手，以数据+AI为技术支撑，六者相互关联，彼此强化，共同构建了组织实现可持续竞争力的系统性路径。

在本书后续章节中，这些要素将在不同实践场景中反复出现，被交叉探讨。高质量发展没有标准答案，但有规律可循。希望这一模型能为不同行业、不同规模的组织提供思考锚点，使它们在复杂环境中找到适配自身的最优路径。

2 第二节 国企高质量发展：从规模领跑到质量领航

改革开放四十余载，国企以“中国速度”铸就了规模经济的奇迹，成为国民经济的中流砥柱。然而，在全球产业链重构、碳中和目标倒逼、数字经济浪潮席卷的背景下，传统粗放式发展模式已难以为继。国企作为国民经济的重要支柱，其发展直接影响国家的经济安全和社会稳定。其高质量发展不仅是适应市场需求变化、提升国际竞争力的必然选择，更是其履行社会责任、引领国家经济转型升级的必要路径。

一、由大变强：从“规模扩张”到“质量提升”

国企的发展曾经更多地依赖规模扩张，追求“大而全”的发展模式，在这种模式下，国企通过扩大生产规模、增加产品线等方式，迅速壮大实力。然而，随着市场经济的深入发展和全球竞争的加剧，这种粗放式的发展模式已经难以适应新的市场环境。如今，高质量发展成为时代的主旋律，要求国企更加注重“强而优”，即提升核心竞争力，实现从“大”到“强”的华丽蜕变。

实现这一转变，国企需要从多个方面着手。首先，科技创新是高质量发展的核心动力。国企必须加大研发投入，加强关键核心技术攻关，努力打造原创技术策源地，实现高水平科技自立自强。这意味着国企要建立起完善的科研体系，培养一批高素质的科研人才，不断推动技术创新和产业升级。同时，国企还要积极与高校、科研院所等创新资源对接，形成产学研用协同创新的良好局面。

其次，优化产业结构是高质量发展的必然要求。国企要聚焦于主责主业，加快传统产业转型升级，发展战略性新兴产业，培育未来产业，构建现代化产业体系。这意味着国企要根据自身的发展定位和市场需求，合理调整产业结构，淘汰落后产能，发展高端产业和新兴产业。同时，国企还要积极参与产业链延伸和跨界融合，拓展新的发展空间和增长点。

再次，提升经营管理水平是高质量发展的重要保障。国企要完善现代企业制度，健全市场化经营机制，加强精益管理，提升运营效率和管理效能。这意味着国企要建立起科学规范的法人治理结构，完善内部管理制度和流程，提高决策效率和执行力。同时，国企还要加强成本控制和风险管理，确保企业的稳健运营和持续发展。

最后，加强品牌建设是高质量发展的内在要求。国企要树立品牌意识，加强品牌管理，打造具有国际影响力的知名品牌。这意味着国企要注重品牌形象的塑造和传播，提高产品和服务的质量和附加值。同时，国企还要积极参与国际竞争和合作，提升品牌的国际知名度和影响力。

以中国中车集团有限公司（简称“中国中车”）为例，该企业是全球规模最大、品种最全、技术领先的轨道交通装备供应商。近年来，中国中车坚持创新驱动发展，从“引进、消化、吸收、再创新”到“自主创新”，实现了从“跟跑”到“并跑”再到“领跑”的跨越。中国中车每年将销售收入的5%以上投入研发，组建了国家级研发机构，攻克了高速列车、重载列车、城轨车辆等领域的关键核心技术。同时，中国中车还积极实施“走出去”战略，产品和服务遍布全球100多个国家和地区，成为国际市场上响当当的中国品牌。中国中车的成功经验表明，坚持创新驱动、优化结构、提升管理、打造品牌，是国企实现高质量发展的必由之路。

从“规模扩张”到“质量提升”，是国企发展路径的重大转变。这一转变不仅要求国企在技术创新、产业结构调整、经营管理水平提升和品牌建设等方面取得突破，更需要国企具备长远的战略眼光和坚定的执行力。唯有如此，国企才能在激烈的市场竞争中立于不败之地，实现从“大”到“强”的华丽蜕变。

二、由单业态到多业态：从“一枝独秀”到“百花齐放”

单一业态的经营模式在特定历史时期确实发挥了重要作用，但也使得国企的抗风险能力相对较弱。随着市场经济的深入发展和消费者需求的日益多样化，单一业态的经营模式已经难以满足市场需求的多样性。因此，国企需要推动产业链延伸，发展新兴产业，探索新模式、新业态，实现从“一枝独秀”到“百花齐放”的转变。

多元化经营是国企提升抗风险能力和市场竞争力的重要途径。通过多元化经营，国企可以分散风险，避免某一行业的波动或衰退对整体经营产生重大影响。同时，多元化经营还可以利用不同业务之间的协同效应，提升整体运营效率。例如，不同业务可以共享资源、技术和市场信息，降低运营成本，还可以相互促进、相互支撑，形成良性循环的发展格局。

实现由单业态到多业态的转变，需要国企具备敏锐的市场洞察力和战略规划能力。企业应该密切关注市场动态和行业趋势，及时发现新的业务机会和发展方向。这要求国企建立起完善的市场监测和分析体系，及时掌握市场动态和消费者需求的变化，为战略决策提供有力支持。同时，国企还需要制定科学合理的战略规划，明确不同业务之间的定位和发展目标，确保新业务能够顺利落地并持续发展。

此外，企业还需要加强内部管理和协调机制建设，确保不同业务之间的协同效应能够得到充分发挥。这要求国企建立起完善的组织架构和管理体系，明确各部门和子公司的职责和权限，形成协同高效的工作机制。同时，国企还要加强人才培养和引进工作，为多元化经营提供有力的人才保障。

华润集团是多元化发展的典范。作为一家多元化的国企，华润集团的业务涵盖了零售、地产、电力、水泥等多个领域。通过多元化经营，华润集团不仅分散了风险，还实现了不同业务之间的协同效应。例如，华润零售与华润地产可以相互合作，共同开发商业综合体项目；华润电力与华润水泥则可以在能源和建材领域形成产业链协同。这种多元化经营模式使得华润集团在市场竞争中更具优势，也为其可持续发展提供了有力支撑。

从“一枝独秀”到“百花齐放”，是国企实现高质量发展的必然选择。国企应该积极拓展新业态，培育新的增长点，不断满足消费者日益多样化的需求。同时，国企还要加强内部管理和协调机制建设，确保不同业务之间的协同效应能够得到充分发挥。只有这样，国企才能在激烈的市场竞争中保持活力，实现可持续发展。

在多元化发展的过程中，国企还需要注意防范风险和挑战。多元化经营虽然可以带来诸多好处，但也伴随着一定的风险和挑战。例如，不同业务之间的文化差异、管理难度加大、资源分配不均等问题都可能影响多元化经营的成效。因此，国企在推进多元化经营的过程中要谨慎行事、稳步推进，确保各项业务的健康发展和整体效益的最大化。

三、国际化经营：从“走出去”到“走进去”

随着经济全球化深入发展，国企“走出去”步伐不断加快。然而，仅仅“走出去”还不够，高质量发展要求国企更要“走进去”，即在国际市场上扎根发展，深度融入当地经济和社会环境。国际化经营要求国企不仅具备跨国运营的能力，还需要熟悉国际规则，了解当地市场文化和法律法规。

提升国际化经营能力是国企“走出去”的基础。国企要加强国际化人才队伍建设，培养一批具有国际视野和跨文化沟通能力的复合型人才。这些人才要熟悉国际规则，了解当地市场文化和法律法规，能够为企业在国际市场上的运营提供有力支持。同时，国企还要加强与国际先进企业的合作与交流，学习借鉴其先进技术和管理经验，提升自身的国际化经营水平。

加强国际合作是“走进去”的关键。国企应积极参与国际竞争与合作，与全球优秀企业建立战略伙伴关系，共同开发国际市场，分享资源和技术。通过国际合作，国企可以学习借鉴国际先进企业的管理经验和技术创新成果，提升自身的核心竞争力。同时，国际合作还可以帮助国企更好地了解当地市场文化和法律法规，为“走进去”提供有力支撑。

合法合规是“走进去”的保障。国企在国际化经营过程中要严格遵守国际规则和当地法律法规，树立良好的企业形象和声誉。这要求国企建立起完善的合规管理体系和风险防控机制，加强对国际规则和法律法规的学习和研究，提高自身的合规意识和风险防控能力。同时，国企还要积极与当地政府和企业建立良好的合作关系，为海外项目的顺利开展提供有力保障。

此外，国企还需要注重本土化战略的实施。在国际化经营过程中，国企要积极融入当地市场和文化环境，尊重当地的风俗习惯和价值观。这要求国企在产品设计、营销策略、人力资源管理等方面充分考虑当地市场的特点和需求，制定符合当地市场的本土化战略。通过本土化战略的实施，国企可以更好地满足当地消费者的需求，提升品牌知名度和美誉度。

中国建筑集团有限公司（简称“中国建筑”）是积极参与国际化经营的典范。近年来，中国建筑积极参与“一带一路”建设，承建了一大批标志性工程，赢得了国际社会的广泛赞誉。在“一带一路”沿线国家，中国建筑承建了马来西亚吉隆坡标志塔、埃及新行政首都中央商务区等一批标志性工程，树立了中国建造的良好形象。同时，中国建筑在海外积极推行属地化经营，雇用当地员工，采购当地材料，融入当地文化，带动当地经济发展，实现了互利共赢。

从“走出去”到“走进去”，是国企实现高质量发展的必然趋势。国企要提升国际化经营能力，加强国际合作，合法合规运营，并注重本土化战略的实施，只有这样，才能在全球竞争中赢得主动，实现更大的发展。同时，国企还要加强风险防控和合规管理，确保国际化经营的稳健性和可持续性。

在国际化经营的过程中，国企还面临着诸多挑战和困难，文化差异、语言障碍、法律法规的不同等都可能给国企的国际化经营带来困扰。因此，国企在推进国际化经营的过程中要加强市场调研和风险评估，制定科学合理的战略规划和实施方案。同时，国企还要加强与国际机构和当地政府的沟通与合作，争取更多的政策支持和市场机会。

四、一企一策的价值导向：从“千篇一律”到“量身定制”

国企数量众多，行业分布广泛，高质量发展需要企业坚持“一企一策”的价值导向。每家国企都有独特的行业背景、发展阶段和资源禀赋，不能一概而论地采用相同的发展策略。企业应根据自身实际情况，制定符合自身特点的发展规划，实现从“千篇一律”到“量身定制”的转变。

分类施策是“一企一策”理念的基石。国企因其行业属性、规模大小、发展阶段的不同，面临着各不相同的挑战与机遇。因此，不能简单地采用“一刀切”的发展模式，而应根据企业的具体情况，制定差异化的发展目标和政策措施。比如，对于处于成熟期的传统行业国企，应侧重技术创新和产业升级，提升核心竞争力；对于新兴行业的国企，则应鼓励探索未知，勇于创新，快速占领市场先机。分类施策可以确保政策更加贴近企业实际，从而更加有效地促进企业发展。

精准发力是“一企一策”实施的关键。在发展过程中，国企往往会遇到各种瓶颈和难题，如技术创新能力不足、管理效率低下、市场竞争力弱等。这些问题如同病灶，若不及时治疗，将严重影响企业的健康发展。因此，“一企一策”要求针对企业发展中的突出问题，精准施策。这意味着政策制定者需要深入企业一线，充分了解企业的实际情况，找准症结所在，然后对症下药，制定出行之有效的解决方案。精准发力可以增强政策的针对性和有效性，帮助企业快速突破发展瓶颈，实现跨越式发展。

动态调整是“一企一策”持续有效的保障。市场环境是瞬息万变的，国企自身的发展情况也在不断变化之中。因此，政策不能一成不变，而应根据企业发展情况的变化，及时进行调整和优化。比如，当企业进入新的发展阶段时，原有的政策可能不再适用，这时就需要根据新的发展阶段的特点，制定新的政策措施；当市场环境发生变化时，企业也需要及时调整战略方向，以适应新的市场环境。动态调整可以确保政策的时效性和有效性，使“一企一策”始终能够贴合企业发展的实际需求。

以中国宝武钢铁集团有限公司（简称“中国宝武”）为例，作为全球最大的钢铁企业，中国宝武在践行高质量发展理念的过程中，充分体现了“一企一策”的价值导向。面对钢铁行业的严峻挑战和转型升级的迫切需求，中国宝武针对不同子公司的特点，实施了“一基五元”战略。即以钢铁制造业为基础，发展新材料、智慧服务、资源环境、产业园区、产业金融五大产业，推动企业从传统的钢铁制造商向综合性的材料服务商转型。

在这一战略框架下，中国宝武对各个子公司进行了深入细致的分析和评估，根据它们的资源禀赋、技术优势、市场定位等因素，制定了差异化的发展策略。比如，对于在新材料领域具有优势的子公司，中国宝武加大了研发投入，鼓励其开发新产品、新技术，提升市场竞争力；对于在智慧服务领域有潜力的子公司，则引导其利用大数据、云计算等现代信息技术，提升服务效率和质量。通过这种“量身定制”的发展策略，中国宝武成功激发了各子公司的活力，提升了整体发展质量。

从“千篇一律”到“量身定制”，是国企实现高质量发展的必然要求。它要求我们在政策制定和实施过程中，始终坚持实事求是、因地制宜的原则，充分尊重企业的主体地位和创造性，只有这样，才能真正激发国企的活力，推动国企高质量发展迈上新台阶。未来，随着市场经济的深入发展和国际竞争的日益激烈，我们相信，“一企一策”的价值导向将会凸显其重要性，成为国企实现高质量发展的有力武器。

3 第三节 民企高质量发展：从野蛮生长到精耕细作

国企作为国民经济的重要支柱，其高质量发展为整个经济体系的转型升级提供了重要支撑；而民企作为市场经济的活跃力量，也在高质量发展的道路上不断探索和实践。接下来，我们将目光转向民企，探讨它们在高质量发展方面的独特路径和策略。

在浙江义乌小商品城，一家生产圣诞装饰品的企业曾面临生死抉择。过去依靠薄利多销的模式，该企业在东南亚同行的价格战冲击下难以为继。2020 年，企业痛下决心投入自动化改造，将 3D 打印技术引入产品设计，开发出可重复使用的智能光控装饰品。转型后的产品单价提升 5 倍，却凭借环保理念和科技元素打开欧美高端市场。这个案例折射出中国民营企业面临的共同命题：高质量发展不是选择题，而是生存题。

要素成本上升、环境约束收紧、国际竞争加剧形成的“三重压力”，正倒逼民营企业转型升级。高质量发展不仅是国家战略，更是民营企业自身发展的内在需求。民营企业实现高质量发展具有重要的现实意义：首先，有助于提升企业核心竞争力，使企业在激烈的市场竞争中占据有利地位；其次，推动企业转型升级，实现可持续发展；再次，有利于企业更好地履行社会责任，实现经济效益与社会效益的统一；最后，增强企业抗风险能力，使企业能够应对复杂多变的经济环境。

一、扬帆出海：民企国际化的破局之道

在当今世界，国际化已成为民营企业实现高质量发展的重要途径。随着经济全球化的深入发展，市场边界逐渐模糊，资源配置在全球范围内优化。民营企业作为中国经济的重要组成部分，必须放眼全球，积极参与国际竞争与合作，才能在激烈的市场竞争中立于不败之地。国际化不仅能够为民营企业拓展更广阔的市场空间，还能促进企业学习并吸收国际先进技术和管理经验，从而提升整体竞争力，实现可持续发展。

在众多民企国际化的案例中，传音控股的出海之路显得尤为独特且富有启示性。在埃及开罗的繁华街头，传音控股旗下的 TECNO 手机广告牌格外醒目，成为当地一道亮丽的风景线。这家源自深圳的企业凭借“非洲手机之王”的殊荣，成功演绎了民营企业出海的另类路径。面对国际大企业的激烈竞争，传音控股并没有选择硬碰硬，而是深入洞察当地市场需求，以差异化策略开辟新天地。

传音控股深知非洲市场的特殊性，因此有针对性地开发了“四卡四待”手机，有效应对了跨运营商资费问题，让非洲用户能够更便捷地享受通信服务。同时，针对非洲用户深肤色的特点，传音控股优化了摄像头算法，确保拍照效果更加清晰自然。此外，考虑到热带气候的特点，传音控股还设计了防汗、防摔的手机外壳，确保手机在恶劣环境下仍能保持稳定性能。这些贴心的设计使得 TECNO 手机在非洲市场深受欢迎。传音控股用“反向创新”的策略，诠释了国际化新思维，即在国际市场中，不仅要适应和融入，更要敢于创新和引领。

民营企业出海正在经历从“借船出海”到“造船远航”的质变。在这一过程中，越来越多的民企开始注重在海外市场的深耕细作，通过建立本地化生产基地、打造自主品牌等方式，提升国际竞争力。三一重工在巴西建立智能制造基地，通过本地化生产突破贸易壁垒，实现了产品与市场的深度融合。

安克创新则在北美市场打造自主品牌，凭借智能充电设备的卓越性能，成为亚马逊品类冠军，展现了民企在国际市场上的创新实力。此外，泡泡玛特将潮玩门店开到伦敦牛津街，用提供情绪价值的产品征服了Z世代消费者。

这些案例不仅展示了民企出海的多元化路径，也揭示出新时代出海的三大要诀：一是技术筑基的硬实力，即具备核心技术和研发能力，以技术驱动产品创新和市场拓展；二是文化赋能的软实力，即深入挖掘和传承中华文化精髓，将文化元素融入产品和服务中，提升品牌国际影响力；三是生态构建的巧实力，即积极构建海外生态体系，与当地合作伙伴携手共进，实现共赢发展。

二、独门绝技：锻造差异化竞争力的三重修炼

在如今瞬息万变、竞争激烈的市场环境中，差异化竞争力成为民营企业在商海中乘风破浪、脱颖而出的关键法宝。差异化竞争力，简而言之，就是企业根据自身独有的特质和市场需求，精心雕琢出的竞争优势，它如同企业的独特标签，使企业在众多同行中熠熠生辉。这种差异化不仅体现在产品、服务、商业模式等多个层面，更在于为客户创造独一无二、难以复制的价值。

构建差异化竞争力，对于民营企业而言，是一场既充满挑战又极具机遇的修炼。企业先要深入分析市场环境，洞悉行业趋势，找准自身在市场中的独特定位。这要求企业具备敏锐的市场嗅觉，能够捕捉到市场的细微变化，并且有敢于突破常规、敢于创新的勇气和决心。

技术创新是打造差异化竞争力的重要途径之一。在科技日新月异的今天，企业只有不断研发新技术，推出新产品，才能在技术上形成壁垒，提升产品的附加值和竞争力。大疆创新的崛起故事，就是技术创新铸就差异化竞争力的生动写照。当全球无人机市场被军工产品垄断时，大疆另辟蹊径，将专业级技术降维应用于消费领域。通过“飞控系统+云台相机”的技术耦合，大疆创造出了“会飞的相机”这一全新物种，不仅满足了消费者对航拍的需求，

更开启了无人机消费市场的新篇章。而大疆所构建的包含软件开发套件、教育认证体系、保险服务的生态系统，更是进一步巩固了其差异化竞争优势。有研究中心指出，到 2024 年 12 月，大疆已占据全球消费级无人机市场 80% 的份额，这一成就无疑证明了差异化竞争的本质在于创造不可替代的价值维度。

除了技术创新，品牌建设和服务升级也是实现差异化的重要手段。品牌建设是企业树立形象、赢得消费者信任的关键。一个具有独特魅力和深厚底蕴的品牌，能够在消费者心中留下深刻印象，形成品牌忠诚度。而服务升级，则是在产品同质化日益严重的今天，企业脱颖而出的关键。通过提供个性化、差异化的服务，企业可以满足消费者多样化的需求，提升客户满意度，从而增强市场竞争力。

在追求差异化竞争力的过程中，企业还要注重培养核心能力。快速响应市场的能力、资源整合能力等，都是企业不可或缺的核心竞争力。这些能力的培养需要企业不断学习和积累，优化内部管理流程，提升组织效率。同时，建立灵活的组织结构和创新的企业文化也是构建差异化竞争力的重要保障。灵活的组织结构能够使企业迅速适应市场变化，抓住机遇；而创新的企业文化则能够激发员工的创新精神和创造力，为企业的持续发展注入新的活力。

三、从 0 到 1：民企高质量发展的创新驱动

在当今这个科技日新月异的时代，从 0 到 1 的创新已然成为民营企业实现高质量发展的核心驱动力。这不仅仅是一种理念，更是一种实践，它要求企业敢于突破传统思维的束缚，勇于创造全新的产品、服务或商业模式。这种创新如同破晓的曙光，不仅能够开辟出崭新的市场空间，更有可能重塑整个行业的格局，为企业带来持续而强大的竞争优势。

民营企业要实现从 0 到 1 的创新，首先必须具备创新思维和冒险精神。企业领导者作为掌舵人，要积极倡导创新文化，营造一种鼓励尝试、容忍失

败的良好氛围，为创新提供宽松而自由的环境。同时，建立有效的创新机制也是至关重要的。企业可以设立创新基金，为创新项目提供资金支持；建立创新激励机制，激发员工的创新热情和积极性。此外，企业还应当注重跨界融合，勇于跳出自己的行业框架，借鉴其他行业的成功经验，汲取不同领域的智慧，从而激发出更多的创新灵感。

创新驱动战略的实施无法一蹴而就，而是需要系统规划和长期坚持。民营企业应当制定长远的创新战略，明确创新的方向和重点领域，确保创新活动有的放矢。为了提高创新效率，企业可以建立创新生态系统，整合内外部资源，形成协同创新的合力。同时，人才是创新的第一资源，企业要注重人才培养和引进，吸引和留住具有创新精神和实践能力的优秀人才。此外，加强与科研机构、高校的合作也是推动创新的重要途径。通过产学研用深度融合，企业可以借助于外部力量提升自身的创新能力。

在实施创新驱动战略的过程中，民营企业要特别注意平衡短期利益和长期发展。创新往往伴随着风险和不确定性，因此企业需要有足够的战略定力和耐心。可以通过设立创新孵化器、风险投资等方式，支持那些高风险、高回报的创新项目。同时，要建立科学的评估体系，对创新项目进行定期评估和调整，确保创新策略的有效性和针对性。此外，企业还应当注重创新成果的转化和应用，将创新优势转化为市场优势，实现创新价值的最大化。

梁文锋，DeepSeek 创始人，以非凡的创新精神引领了 AI 大模型技术的突破。他凭借在量化投资领域的丰富经验，敏锐地捕捉到了通用人工智能（AGI）的巨大潜力。2023 年，他毅然决然地创立了 DeepSeek 公司，正式进军这一前沿领域。

面对技术挑战和资源限制，梁文锋带领团队不断突破，相继推出了 DeepSeek-V2、DeepSeek-V3 等高性能、低成本的 AI 模型。这些模型不仅降低了大模型训练的成本，还推动了 AI 技术的普及。然而，DeepSeek 的创新并未止步。2025 年，它发布了可与 GPT-4 相媲美的 DeepSeek-R1 模型，更重要的是，这款模型完全开源，引发了业界的广泛关注。

DeepSeek 的成功，不仅展示了梁文锋及其团队的创新能力，更证明了从 0 到 1 的创新是民营企业实现高质量发展的核心驱动力。

当前，民营企业正在多个领域上演创新裂变。极飞科技将无人机技术应用于农业植保，开创了智慧农业的新范式；元气森林凭借“赤藓糖醇+无菌冷灌”的技术组合，撕开了饮料行业的创新缺口；地平线机器人通过“算法+芯片”的垂直整合，在智能驾驶赛道上跑出了中国方案。这些企业的创新实践不仅展示了民营企业的创新活力和潜力，也为行业的高质量发展注入了新的动力和活力。

中国民营企业的高质量发展是一个系统工程，需要企业在国际化、差异化竞争力和创新驱动等方面协同推进。国际化是民企拓展发展空间、提升竞争力的必由之路；差异化竞争力是民企在激烈市场竞争中脱颖而出的关键；而从 0 到 1 的创新则是民企实现跨越式发展的核心驱动力。

高质量发展不是百米冲刺，而是一场耐力与智慧的马拉松。当华为海思芯片点亮 5G 基站，当大疆无人机翱翔在巴黎圣母院重建现场，当宁德时代的电池驱动着全球电动汽车——这些画面共同勾勒出中国民营企业的新时代群像。它们证明，只要坚持创新驱动、深耕核心价值、保持战略定力，中国民营企业完全有能力在高质量发展的征途中，走出一条独具特色的升维之路。

四、民企代际传承：从家族延续到治理现代化的制度创新

在当今市场环境不断变化的背景下，民营企业传承已成为一个无法绕开的话题。从宏观角度看，时代的洪流中竞争与合作交织，企业正面临着史无前例的挑战与机遇；从中观层面来讲，行业格局持续变动，新兴技术不断涌现，这要求企业必须具备迅速适应和持续创新的能力，以应对市场的快速变化；在微观层面上，随着一代创业者的逐渐年迈，如何确保企业的持续发展和稳定传承，成了摆在他们面前的一大难题。同时，企业发展的需求不断变化，对领导者的素质和能力也提出了更高要求。

二代接班人作为新时代的青年精英，普遍具备海外经历、高学历和全球化视野，他们眼界开阔，勇于开拓，为企业注入了新的活力和希望。他们不仅拥有丰富的知识和技能，更具备新时代的思维方式和价值观念。从天时、地利、人和各方面考量，中国民营企业已到了必须进行二代传承的关键时刻。二代传承对企业的长远稳健发展具有重大意义，它不仅是企业生命的延续，更是企业文化和精神的传承。

（一）探索：传承的主流路径

1. 国际视野：全球传承模式的多样选择

放眼全球，企业传承的方式多种多样。有的企业选择逐步接班，让二代在企业的实际运营中慢慢成长；有的则选择将二代送往国外深造，学习先进的管理理念和方法后再接班；有的通过家族信托等方式，确保企业财富和文化的传承有序；还有的选择职业经理人接班模式。每种方式都有其独特的优势和适用场景，值得我们借鉴和思考。

（1）逐步接班模式

此模式强调二代接班人在企业内部逐步积累经验，从基层做起，逐级晋升至高层管理岗位。通过长期的实践锻炼，二代接班人能深入了解企业的运营管理和市场状况，积累丰富的实战经验，为未来的接班奠定坚实基础。这种模式的优势在于，二代接班人能够逐步熟悉企业的各个环节，建立广泛的人脉关系，为未来的领导工作打下良好基础。

（2）外部培养后接班模式

一些企业选择将二代接班人送往国外或国内知名商学院学习，或参与其他企业的管理实践，以提升其管理能力和战略眼光。待其学成归来后，再接手企业的经营管理。这种模式的优势在于，二代接班人能够接触更广阔的市场和更先进的管理理念，拓宽视野，提升能力。

（3）家族信托管理模式

该模式通过设立家族信托基金，实现企业的所有权和经营权分离。一代创业者将企业股权转入信托基金，由专业的信托机构管理，而二代接班人则负责企业的日常运营。这种方式既能确保企业的稳定传承，又能避免家族内部纷争，保证企业的持续发展。

（4）职业经理人接班模式

在某些情况下，企业可能选择引入职业经理人接班。此模式适用于没有合适的二代接班人的企业，或二代接班人不愿接手企业的情况。职业经理人的优势在于他们具备专业的管理知识和丰富的实践经验，能够迅速适应企业环境，带领企业持续发展。

2. 本土实践：中国传承的独特路径

在中国，家族企业传承也有着其独特的路径和方式。有的企业选择家族内部传承，延续血脉与文化的双重纽带；有的则引入职业经理人，为企业带来新的活力和视角；还有的采用混合模式，既保留了家族企业的文化特色，又引入了现代管理理念。

（1）家族传承模式

家族传承模式是国内家族企业最常用的传承方式。一代创业者通过培养子女或亲属，将企业的经营管理权逐步交给他们。这种方式能确保企业的家族属性和文化得以延续，也有利于保持企业的稳定性和连续性。然而，家族传承也可能带来一些问题，如家族成员之间的纷争、管理能力的不足等。

（2）职业经理人接班模式

随着职业经理人市场的逐渐成熟，越来越多的企业开始考虑引入职业经理人接班。此方式适用于没有合适的二代接班人的企业，或企业希望引入外部专业管理人才来推动发展的情况。职业经理人的引入可以为企业带来新的管理理念和经营方式，推动企业的创新和发展，但也可能存在职业经理人与企业文化不兼容、与家族成员产生矛盾等问题。

（3）混合模式

混合模式是家族传承与职业经理人接班相结合的方式，即一代创业者将部分经营管理权交给二代接班人，同时引入职业经理人负责企业的某些关键业务或领域。混合模式的优势在于可以兼顾家族传承的稳定性和职业经理人的专业性，但也需要处理好家族成员与职业经理人之间的关系，确保企业的和谐与稳定。

案例：HX 钢铁集团——曾经资产百亿的钢铁帝国，为何传承失败？

HX 钢铁集团于 1987 年创立，后发展为山西省第二大钢铁企业。后来创始人不幸遇害，其子当时 22 岁，正在澳大利亚留学，被紧急召回接班。其子缺乏管理经验和行业知识，引入外部力量加剧内部矛盾，且偏离钢铁主业，大量投资资本市场等不熟悉的领域未果，拖累主业。加之钢铁行业面临产能过剩、需求下降等挑战，企业未及时调整策略，渐失优势。十年后，HX 钢铁从辉煌走向衰败，2014 年被迫破产重整。

HX 钢铁集团的传承失败给了我们深刻的启示。二代接班人应兼具管理知识与行业经验，在企业传承中应确保战略稳定、连续，坚守核心主业不动摇；家族企业更应妥善处理家族成员关系，公平分配利益，建立健全的治理结构和决策机制，方能稳健前行。

案例：FT 集团“带帮看”渐进模式助力成功传承与转型

FT 集团创始人提出的“带三年、帮三年、看三年”渐进模式，为其子从车间技术员起步，最终完成权力过渡并推动 FT 集团转型奠定了坚实基础。在这一模式下，其子历经十年磨砺，逐步成长为企业的接班人。他接手后，明确 FT 集团“专业化、高端化、精品化”的战略定位，加大研发投入，突破技术瓶颈，塑造高端品牌形象。在二代接班人的带领下，FT 集团从打火机龙头成功转型为高端厨电领军者，产品销量和市场份额遥遥领先，成为行业技术创新的先锋。

这一传承与转型的成功案例，展现了 FT 集团家族企业的智慧与魄力，也为其他企业提供了宝贵的经验。

（二）挑战：二代接班的荆棘之路

1. 战略决策：经验与智慧的考验

二代接班人即使有理想、有抱负，有新的思想，但往往缺乏实战经验，对行业的深层次理解和风险认知不够。这可能导致他们在制定企业战略时出现偏差，甚至做出错误决策。这需要他们不断学习、积累经验，同时借助于外部力量如职业导师、顾问团队等为自己的决策提供支持。

2. 破局之策：实战与学习的结合

一是建立完善的接班人培养体系，让二代接班人在基层锻炼，逐步接触并熟悉各个业务板块。通过实践锻炼，二代接班人可以积累实战经验，了解企业的运营模式和市场状况，为未来的领导工作打下坚实基础。

二是引入职业导师制度，为二代接班人提供专业指导和建议。职业导师可以是企业内部的资深管理者或外部的专业顾问，他们可以为二代接班人提供战略规划、市场分析、人力资源管理等方面的指导，帮助其更好地适应企业环境，提升领导能力。

3. 权力交接：平稳与有序的关键

一代与二代之间的过渡和传承是一个复杂的过程，如何确保权力平稳交接，如何维护企业稳定运营，都是二代接班面临的重要问题。

4. 过渡之道：规划与沟通并重

一是提前明确接班程序，确保权力交接平稳有序。一代创业者应该在自己还具备决策能力时就着手规划接班程序，明确接班的时间表、步骤和责任人。做好规划可以避免突发事件导致的权力真空和混乱局面。

二是采取分阶段放权的方式，让二代在实际操作中逐渐树立威信。一代创业者可以逐步将部分权力交给二代接班人，让他们在实际操作中锻炼和成长。分阶段放权可以让二代接班人逐渐适应企业环境，建立自己的威信和影响力。

三是建立健全公司治理结构，以制度化的方式约束和指导决策行为。企业应该建立完善的公司治理结构，包括股东大会、董事会、监事会等机构，明确各机构的职责和权力范围。制度化管理可以确保企业的决策行为符合法律法规和市场需求，避免个人意志和随意决策带来的风险。

5. 人才管理：新老交替的智慧

对于二代接班人来说，在接手企业后，如何管理老团队、引进新人才，是一个需要深思熟虑的问题。老团队往往有着丰富的经验和深厚的感情，但也可能存在保守和抵触情绪；而新人才则带来了新的活力和创新思维，但也需要时间来适应和融入企业文化。

6. 融合之方：尊重与融合并行

一是积极参与公司重大事务决策，增进与核心团队的沟通与信任。二代接班人应该在接手前就积极参与公司的重大事务决策，了解公司的运营状况和面临的问题。二代接班人与核心团队的沟通和合作，可以增进彼此的了解和信任，为未来的协同工作打下良好基础。

二是表明自己的领导风格和团队建设思路，积极引进新的人才，形成新老交替、共同发展的良好局面。二代接班人应该在接手后尽快表明自己的领导风格和团队建设思路，让团队成员了解自己的期望和要求；同时，积极引进新的人才，为团队注入新的活力和创新力。通过新老交替和共同发展，企业可以形成更加团结、高效、创新的团队。

7. 文化传承：传统与创新的平衡

企业文化是企业传承的灵魂，如何在保持和发扬优良传统的同时，融入新的元素和理念，是二代接班人需要面对的一个重要课题。

8. 共建之道：沟通与创新并重

一是加强两代人之间的沟通交流，明确企业发展愿景和使命。二代接班人应该与一代创业者保持密切的沟通交流，了解其创业历程、经营理念和企业文化。通过沟通交流，二代接班人可以明确企业的发展愿景和使命，为未来的领导工作找到方向和目标。

二是寻找传统优势与创新发展的结合点，鼓励二代接班人引入新的理念和模式。二代接班人应该在继承企业优良传统和文化的基础上，积极寻找传统优势与创新发展的结合点。通过引入新的理念和模式，二代接班人可以推动企业的创新和发展，保持企业的竞争力和市场地位。

三是尊重和继承企业原有的优良文化和价值观，同时注入新的活力和元素。二代接班人应该尊重和继承企业原有的优良文化和价值观，这些是企业发展的基石和灵魂；同时，注入新的活力和元素，让企业文化更加符合时代需求和市场需求。这有利于形成更加独特、鲜明、有吸引力的企业文化。

从国企的“大象转身”到民企的“蚂蚁雄兵”，从代际传承的制度创新到全球竞争的价值输出，中国企业正以“质量革命”重塑全球经济秩序。这场变革不仅是技术的迭代、模式的升级，更是一场文明形态的演进——当“中国制造”向“中国智造”跃迁，当家族企业向现代治理转型，一个更具韧性、更可持续的新发展范式正在形成。

第三章

战略升级：重塑企业发展的核心路径

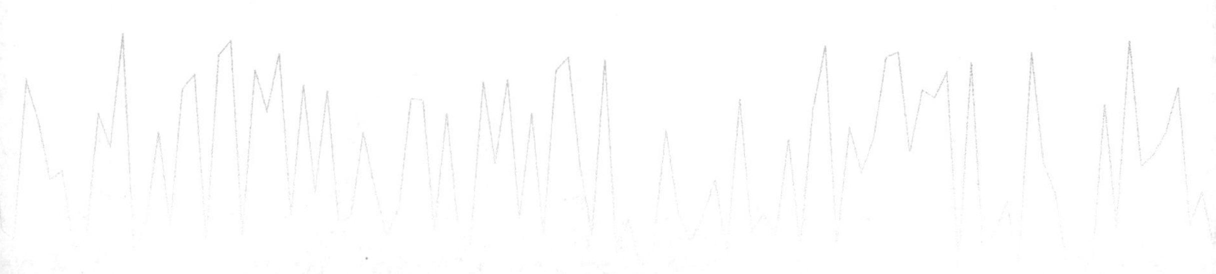

在当今这个大变局时代，企业面临着前所未有的挑战与机遇。从新时代的市场环境来看，全球化进程的加速使得国际贸易摩擦和地缘政治风险不断加剧，这不仅对企业的供应链稳定性构成威胁，也对市场需求的预测和满足提出了更高的要求。同时，国内消费升级的趋势愈发明显，消费者对于产品和服务的品质、个性化以及创新性的追求日益增长。在这样的背景下，企业若想在激烈的市场竞争中脱颖而出，就必须进行战略升级。战略升级是企业应对市场环境变化、实现可持续发展以及提升竞争力的关键举措，它引导企业在变革中不断前进，把握新时代的机遇，迎接未来的挑战。

第一节 三维战略框架：“存增变”

一、“存增变”的困局与启示

2007 年，第一代 iPhone 的发布像在平静的湖水中投入一颗巨石，彻底搅动了手机行业的格局。诺基亚作为当时全球手机市场的霸主迅速做出反应，其内部竞品分析报告精准得令人惊叹：他们不仅承认 iPhone 的触摸屏将“设定新的行业标准”，还清醒地意识到自家用户界面范式正在“衰退”，甚至准确预测了 iPhone 在 2007 年和 2008 年的销量。这份报告若以今日的眼光审视，仍能体现诺基亚对行业趋势的深刻洞察。但吊诡的是，正是这个“什么都知道”的企业，却在短短几年后被颠覆，最终于2013年将手机业务出售给微软，黯然退场。

诺基亚的失败，核心在于“存增变”思维的断层。所谓“存增变”，是说企业要在存量优化、增量拓展、变量创新之间实现动态平衡。而诺基亚的困境恰恰暴露了这三者的割裂：

在“存”的维度，诺基亚深知Symbian系统架构陈旧，难以适应触摸屏时代的用户需求，但这一系统仍是其核心收入来源。管理层陷入两难境地——既要维护短期利润，又要投入资源改造技术。最终，Symbian的迭代缓慢拖累了创新，而过度依赖存量业务的思维，使得诺基亚像一艘难以掉头的巨轮，眼睁睁看着市场被新兴对手蚕食。

在“增”的层面，诺基亚并非毫无行动。他们早已布局基于Debian的Maemo系统，试图打造更开放的智能平台。然而，内部资源分配的矛盾导致这一探索步履维艰：Symbian阵营与Maemo阵营的割裂，使得技术优势未能转化为市场竞争力。新系统开发受制于老业务的资源争夺，既无法快速成熟，也难以与iPhone的生态体验抗衡。

最致命的短板在于“变”的决断力。2007年至2008年是诺基亚转型的关键窗口期，但管理层始终在“颠覆自我”与“维持现状”间摇摆。他们既承认触摸屏是未来，又担心放弃物理键盘会流失传统用户；既想押注Maemo系统，又不愿彻底摆脱Symbian的路径依赖。这种“既要、又要、还要”的博弈心态，导致诺基亚错失近两年的黄金转型期。当苹果通过App Store构建生态壁垒，安卓阵营快速崛起时，诺基亚的犹豫已注定其结局。

诺基亚的案例并非陈年往事，而是对当下企业的尖锐警示。如今，AI、新能源、生物科技等领域的颠覆速度远超2007年的手机行业，技术迭代周期从数年缩短至数月。企业若不能构建“存增变”的战略逻辑，极有可能重蹈诺基亚的覆辙。在时代的浪潮面前，企业要么成为“存增变”的驾驭者，要么沦为旧时代的纪念碑。

二、“存增变”的战略逻辑和实践策略

（一）企业构建“存增变”模式的必要性分析

1. 应对市场环境变化

当下，企业将面临更加复杂多变的市场环境。全球化进程加速，国际贸易摩擦、地缘政治风险等因素可能对企业的供应链、市场需求产生重大影响。同时，国内消费升级趋势明显，消费者需求日益多样化、个性化，对产品和服务的质量、创新性要求更高。构建“存增变”模式可以帮助企业灵活应对市场环境的变化，及时调整战略，优化资源配置，满足市场需求，从而在激烈的市场竞争中保持优势地位。

2. 实现可持续发展

可持续发展是企业长期生存的关键。在资源日益紧张、环境问题日益突出的背景下，企业需要转变传统的高投入、高消耗、高排放的发展模式，实现经济、社会和环境效益的协调统一。“存增变”模式强调对现有业务的优化、新业务的拓展和创新能力的提升，有助于企业提高资源利用效率，降低生产成本，减少环境污染，实现绿色可持续发展。

3. 提升企业竞争力

企业之间的竞争日益激烈，竞争对手可能随时通过技术创新、商业模式创新等手段抢占市场份额。构建“存增变”模式，使企业能够不断优化和升级现有业务，提高产品和服务的竞争力；同时，通过拓展新业务、探索新市场，开辟新的增长点，增强企业的市场竞争力和抗风险能力。此外，“存增变”模式还要求企业加强内部管理创新，提升组织效率和员工素质，进一步增强企业的综合竞争力。

（二）企业构建“存增变”模式的可行性分析

1. 市场机遇

未来，我国经济将保持稳定增长，新型城镇化、数字经济、绿色经济等

新兴产业快速发展，为企业的“存增变”模式提供了广阔的市场空间。例如，随着5G、人工智能、大数据等技术的广泛应用，企业可以在智能制造、智慧城市、远程医疗等领域拓展新业务，实现业务的转型升级和创新发展。同时，国家出台了一系列支持企业创新和转型升级的政策措施，如税收优惠、财政补贴、金融支持等，为企业构建“存增变”模式提供了有力的政策保障。

2. 技术支撑

当前，科技创新日新月异，新技术、新工艺、新材料不断涌现，为企业构建“存增变”模式提供了强大的技术支撑。企业可以利用先进的信息技术如物联网、云计算、区块链等，优化生产流程，提高生产效率，实现精准营销，提升现有业务的竞争力。同时，企业还可以通过技术创新，开发新产品、新服务，拓展新市场，实现业务的多元化发展。此外，企业还可以加强与科研机构、高校等的合作，获取前沿技术资源，提升自身的研发能力和创新水平。

3. 企业自身条件

经过多年的积累和发展，许多企业已经具备了一定的规模和实力，拥有较为完善的生产设施、研发团队、管理团队和营销网络等资源，这为企业构建“存增变”模式提供了坚实的基础。企业可以根据自身的资源和优势，制定合理的战略规划，明确“存增变”的目标和路径，有序推进各项工作的实施。同时，企业还可以通过内部培训、人才引进等措施，提升员工的综合素质和创新能力，为“存增变”模式的实施提供人才保障。

（三）总结

在当前经济形势下，企业要实现可持续发展，必须深入理解和有效运用存量优化、增量拓展和变量创新的逻辑。存量优化是企业发展的基础，通过优化资源配置、提高资源利用效率，企业能够降低成本、增强核心竞争力，为后续发展积累资源和能量。数据显示，实施存量优化的企业，其资源利用率平均可提高20%，运营成本平均降低15%左右。这不仅有助于企业在激烈的市场竞争中稳固地位，还能为增量拓展和变量创新提供坚实的资金和技术支持。

增量拓展是企业实现规模扩张和市场占领的关键途径。面对新兴市场需求的增长、技术进步带来的机遇、消费升级趋势以及政策支持与引导，企业要积极制定市场调研与定位策略、产品开发与创新策略、渠道拓展与合作策略，并建立完善的风险管理体系。成功拓展增量的企业，其市场份额平均可提升30%，营业收入增长25%以上。这不仅能够为企业带来新的收入来源和利润增长点，还能使企业在市场竞争中占据更有利的位置，实现长期可持续发展。

变量创新是企业适应市场变化、保持竞争优势的核心动力。培养创新思维，营造创新文化，提供创新培训，建立创新平台，企业能够不断推出新技术、新产品、新服务，引领市场潮流。据统计，注重变量创新的企业，其专利申请数量平均每年增长20%，新产品销售收入占总营业收入的比例可达到40%以上。这不仅有助于企业提升产品附加值和品牌影响力，还能使企业在行业变革中抢占先机，实现跨越式发展。

存量优化、增量拓展和变量创新三者相互关联、相互促进。存量优化为增量拓展和变量创新提供了资源保障和实践平台；增量拓展为企业带来了新的增长点和市场机会，推动存量优化和变量创新的进一步发展；而变量创新则为企业注入了持续的动力，使存量优化和增量拓展更具活力和方向性。企业需要在三者之间找到平衡，合理配置资源，实现协调发展，才能在激烈的市场竞争中立于不败之地，实现长期稳定的发展。

三、存：存量的精益化管理

在企业的蓬勃发展历程中，存量资源的精益化管理无疑是持续成长与优化的金钥匙。存量优化，即在企业资产总量保持不变的前提下，通过精准调配和优化资源配置，提升资源利用效率，进而增强企业核心竞争力。这一理念与我国规划中强调的优化资源配置、提升企业竞争力的宏伟目标不谋而合。存量精益化管理的精髓在于深挖现有资源的潜在价值，杜绝资源闲置和低效利用，从而激发企业的蓬勃活力与无限潜力。企业可通过以下策略实现存量的精益化管理：

（一）构筑防火墙

构筑防火墙是存量精益化管理的重要策略，旨在守护企业核心业务与关键资源，确保其在优化过程中免受波及。这要求我们明确划定核心业务的边界，确保在存量调整的过程中，这些核心部分的稳定性与连续性得到有力保障。例如，企业可设立一套完善的监控指标与预警系统，实时追踪核心业务的运营状况，一旦发现潜在风险，便立即采取措施进行干预，从而确保企业在优化存量的同时，稳步提升核心竞争力。

（二）推行精益管理

精益管理着重于通过消除浪费、优化流程与提升效率来全面提升企业的整体运营效能。企业应全面审视现有业务流程，揪出那些不增加价值的环节，予以剔除，从而实现流程的精简。以一家制造业企业为例，其通过引入精益生产理念，对生产流程进行全新设计，大幅减少了物料搬运次数与等待时间，生产效率显著提升，生产成本也得以有效降低。此外，企业还应持续加强员工培训与文化建设，让精益管理成为企业的一种常态与文化，激励全员参与，推动持续改进。

（三）实施微创新

微创新是指在企业现有业务基础上，采取小步快跑的方式，不断对产品、服务或流程进行细微的改进与创新。这一策略强调以用户为中心，迅速响应市场变化与客户需求，通过一系列微小的创新举措，逐步提升企业的市场竞争力与市场份额。以软件公司为例，其可通过定期更新软件功能、优化用户界面等微创新手段，提升用户体验，吸引更多用户付费使用。微创新不仅能帮助企业保持市场活力，还能使企业在不进行大规模投资的情况下实现业务的持续成长与优化。

（四）内耗的“断舍离”

“断舍离”是存量优化的直接行动，要求企业对自己进行全面剖析，果断舍弃那些不再符合企业发展战略、占用资源、产生内耗却无法带来相应回报的事物，如闲置资产、低效业务单元或过时的管理流程等，并制定详细计划进行剥离或淘汰。以一家多元化企业为例，其通过实施“断舍离”策略，出售了与核心业务关联度较低的非主营业务，将资源集中于具有高增长潜力的核心领域，从而实现了企业的轻装上阵与迅猛发展。通过“断舍离”，企业能够释放资源，为新的增长机遇与创新活动提供广阔空间与有力支持。

总而言之，存量的精益化管理是企业修炼内功、实现厚积薄发的必由之路。它要求企业在战略上做出明智的取舍，通过优化资源配置、强化核心优势、把握市场机遇，最终实现企业的长远发展与持续增长。这一过程虽充满挑战，但对于追求卓越、志在长远的企业而言，却是实现质的飞跃、赢得未来竞争的关键所在。

四、增：新增长战略

（一）新增长战略的内涵与实践

新增长战略作为企业在现有战略基石上的跃升之策，旨在通过创新思维与方法的深度融合，探寻全新的增长点与增长模式，进而实现企业规模的稳健扩大、市场份额的显著提升以及经济效益的持续增长。在这一战略导向下，企业被赋予了在瞬息万变的市场环境中突破传统发展框架的使命，积极探寻并充分利用新兴机遇，力求实现可持续的快速增长。

新增长战略的核心要素涵盖了创新驱动、非价格竞争以及改变外部环境的能力三大方面。首先，创新驱动被确立为企业发展的核心引擎，鼓励员工踊跃提出新颖想法与方案，不断探索前沿技术与业务模式，以创新的产品、服务及解决方案精准对接市场需求，从而全面提升企业的核心竞争力；其次，非价格竞争使企业更加注重通过提升产品质量、优化产品功能、强化服务水平及加强品牌建设等多元化手段，与竞争对手展开差异化角逐，避免陷入单一的价格战泥潭，进而实现企业的价值增值与利润增长；最后，企业不仅要具备适应外部环境变化的能力，更应积极主动地去影响和改变外部环境，通过与政府、行业协会、供应商、客户等利益相关者的紧密合作与有效沟通，积极参与行业标准的制定过程，推动政策环境的持续优化，为企业的长远发展创造有利的外部条件。

美的集团便是新增长战略成功实践的典范。通过战略升级，美的实现了从传统家电制造商向全球领先的消费电器与工业集团的华丽转身。在战略规划层面，美的依托市场调研、行业分析、竞争对手研究等多维度信息，明确企业的使命、愿景与战略目标，精心制定既具前瞻性又具可操作性的战略规划蓝图。而在战略执行层面，美的则构建了完善的组织架构、流程制度与绩效管理体系，确保战略规划精准落地。同时，美的还高度重视技术创新与研发投入，与高校、科研机构建立紧密合作关系，不断提升企业的核心技术实力。此外，美的还积极拓展国际市场，通过并购、合作等多种方式整合全球资源，进一步提升企业的国际化水平，为企业的全球发展奠定了坚实的基础。

（二）增量拓展的市场新机遇

增量拓展是企业实现业务增长的关键路径，它涉及开发新产品或服务、进入新的市场领域等。在当前经济环境下，企业面临诸多市场机会：

1. 新兴市场需求增长

随着全球经济的发展和新兴市场的崛起，企业可以将业务拓展到这些市场，满足当地消费者的需求。例如，东南亚、非洲等地区经济快速发展，对基础设施建设、消费品等的需求旺盛，企业可以抓住这些机会，开拓新的市场空间。

2. 技术进步带来的机遇

科技的不断进步为企业提供了新的产品和服务开发机会。例如，人工智能、大数据、物联网等技术的发展，催生了智能设备、数据分析服务、智能家居等新兴市场，企业可以利用这些技术开发创新产品，满足市场需求。

3. 消费趋势变化

消费者对产品和服务的需求不断升级，对高品质、个性化、智能化产品的需求增加。企业可以通过研发和创新，提供符合消费者新需求的产品和服务，从而拓展市场份额。

4. 政策支持与引导

政府出台了一系列政策支持企业发展和市场拓展。例如，在新能源、节能环保、生物医药等领域，政府提供了财政补贴、税收优惠等政策支持，鼓励企业加大研发投入和市场拓展力度。

（三）新增长战略的实施策略

1. 密集型增长战略

密集型增长战略是指企业在原有业务范围内充分利用在市场和产品方面的潜力，以快于过去的增长速度来求得成长与发展的战略。这种战略主要通过市场渗透、产品开发、市场开发和混合战略等方式实现（见图 3-1）。例如，企业可以通过优化现有产品的功能和性能，提高产品质量，吸引更多的现有客户增加购买量，或者通过改进营销策略和渠道，将现有产品推向新的市场区域，从而扩大市场份额和增加销售额。密集型增长战略强调在现有业务基础上的深度挖掘和精细化管理，通过不断优化和创新，实现企业的稳步增长。

	现有产品	新产品
现有市场	市场渗透	产品开发
新市场	市场开发	混合战略

图 3-1　密集型增长战略

2. 一体化增长战略

一体化增长战略的核心是控制权问题，企业沿着产品（业务）生产经营链条（行业价值链见图 3-2），通过扩大业务经营的深度和广度来扩大经营规模，提高收入和利润水平，使企业发展壮大。这种一体化可以分为纵向一体化和横向一体化。纵向一体化包括前向一体化和后向一体化，前向一体化是通过获得分销商、零售商或其他前向环节的所有权或加强对其控制来谋求发展，而后向一体化则是通过获得供应商所有权或加强对其控制来谋求发展。例如，一家制造业企业通过收购其主要供应商，实现了对原材料供应的直接控制，降低了采购成本，提升了供应链的稳定性和效率，从而增强了企业的竞争力和盈利能力。横向一体化则是通过获得竞争企业的所有权或对其加强控制来谋求企业发展。

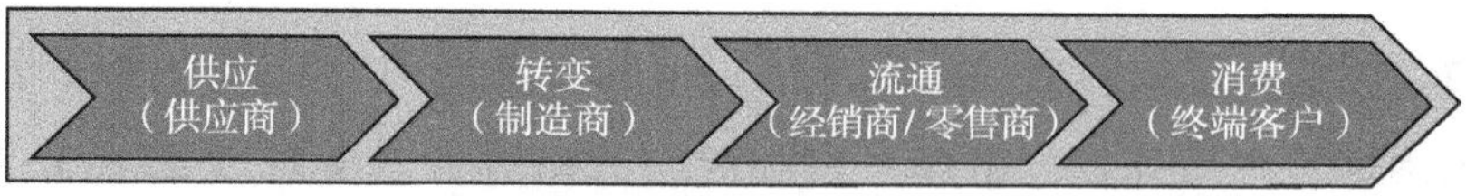

图 3-2　行业价值链

3. 多元化增长战略

多元化增长战略是指企业为了更多地占领市场或开拓新市场，或避免经营单一带来的风险，而选择进入新领域的战略。这种多元化可以分为相关多元化和非相关多元化。相关多元化是指企业在与现有业务相关的领域进行拓展，利用现有的技术、品牌、渠道等资源，开发新的产品或服务，进入新的市场。例如，一家家电制造企业利用其在家电领域的技术优势和品牌影响力，进入智能家居领域，开发智能家电产品，满足消费者对智能化生活的需求。非相关多元化则是指企业在与现有业务不相关的领域进行拓展，通过跨行业、跨领域的投资和并购，实现企业的多元化发展。例如，一家房地产企业通过收购一家金融公司，进入金融服务领域，实现房地产与金融的协同发展，降低单一业务的风险，提高企业的整体抗风险能力和盈利能力。

图 3-3 为多元化方向选择矩阵。

行业吸引力 \ 行业实力	低	中	高
大	有选择	优先	优先
中	不考虑	有选择	优先
小	不考虑	不考虑	有选择

图 3-3　多元化方向选择矩阵

五、变：变量的突破性创新

（一）变量突破性创新的内涵与实践

变量的突破性创新是企业在应对市场变化、技术进步与竞争压力时的重要策略，它意味着企业要勇于引入新的变量，或改变现有变量的组合与关系，以此推动产品、服务或业务模式的全面创新。这种创新既可能体现在技术层面的突破性进展，也可能表现为商业模式的革新，其终极目标是为企业开辟新的增长路径，铸就竞争优势。苹果公司便是一个典范，它凭借触摸屏技术和应用商店模式，实现了智能手机领域的变量突破与创新，一举改变了整个手机行业的版图。其核心特征包含以下几点：

1. 技术新颖性

突破现有技术范式或技术轨道，引入新的科学原理或技术方法，实现产品或服务的非线性革命式发展。例如，特斯拉通过引入电池技术和自动驾驶技术，颠覆了传统汽车产业。

2. 市场导向性

关注市场需求和客户痛点，通过创新满足未被满足或未被充分满足的市场需求，创造新的市场机会。例如，小米公司通过互联网营销和用户参与模式，成功开拓了中低端智能手机市场。

3. 跨学科性

突破性创新往往涉及多学科的知识和技术，需要企业具备跨学科的研发能力和资源整合能力。例如，基因编辑技术的发展涉及生物学、化学、物理学和计算机科学等多个学科领域的交叉融合。

（二）变量突破性创新的重要性

变量突破性创新的重要性不言而喻，它不仅是企业应对快速变化的市场环境的利器，更是企业保持竞争力的关键所在。在当今这个消费者需求不断演变的时代，企业必须通过突破性创新来满足这些日新月异的需求。以汽车行业为例，随着消费者对环保和可持续发展的关注度日益提升，众多企业纷纷投入研发资源，致力于开发环保型产品。特斯拉便是其中的佼佼者，它通过突破性创新，成功推出了全电动汽车，不仅满足了消费者对环保出行的迫切需求，更引领了整个汽车行业向电动化转型的浪潮。市场研究机构的数据显示，特斯拉的市场份额在过去五年中实现了三倍的增长，这一亮眼成绩充分彰显了突破性创新在满足消费者需求方面的非凡重要性。

除了满足消费者需求外，突破性创新在提高企业的生产效率和产品质量方面也发挥着举足轻重的作用。通过引入崭新的生产技术和工艺，企业能够优化生产流程，降低生产成本，同时提升产品的质量和一致性，从而进一步增强企业的市场竞争力。制造业便是这一变革的生动写照，工业 4.0 的兴起推动了智能制造技术的迅猛发展。众多制造业企业积极引入机器人自动化生产线、智能传感器以及物联网技术等先进手段，实现了生产过程的智能化和自动化，极大地提升了生产效率和产品质量。

此外，企业在经济变化和政策导向的双重影响下，进行突破性创新更是适应市场和政策要求的必然选择。以新能源汽车产业为例，中国政府为了推动新能源汽车的快速发展，相继出台了购置补贴、免征购置税以及建设充电基础设施等一系列政策措施。在此背景下，无论是传统汽车制造商还是新兴企业，都纷纷加大在新能源汽车技术、电池技术以及智能驾驶技术等方面的研发投入，力求通过突破性创新来适应政策导向和市场需求的变化，从而在激烈的市场竞争中脱颖而出。

（三）变量突破性创新的实施策略

1. “拿来主义”

企业可以借鉴和吸收其他行业或企业的成功经验和创新成果，将其应用到自身的业务中。例如，传统制造业企业可以借鉴互联网企业的数字化营销策略，通过社交媒体和电商平台拓展销售渠道，提升品牌知名度和产品销量。同时，企业还可以与高校、科研机构等合作，引入先进的技术和研究成果，加速自身的创新进程。

2. 摸石头过河

企业在面对不确定的市场环境和创新方向时，可以采取小步快跑、快速试错的策略，通过在局部市场或小规模范围内进行试点，观察市场反应和效果，及时调整和优化创新方案。例如，一家餐饮企业推出新的菜品时，可以先在部分门店进行试销，根据顾客的反馈和销售数据，决定是否在全店推广。这种策略能够降低创新风险，提高创新的成功率。

3. 迭代创新

企业应将创新视为一个持续的过程，不断对产品、服务或业务模式进行优化和改进，通过收集用户反馈、市场数据和内部评估，及时发现存在的问题和改进空间，进行有针对性的迭代更新。例如，软件企业通过定期发布新版本，修复漏洞、增加新功能、优化用户体验，不断提升产品的竞争力。同时，企业还可以建立创新激励机制，鼓励员工提出创新建议和想法，形成全员参与创新的良好氛围。

2 第二节 使命感与价值感：企业发展的内在动力

一、增强使命感和价值感的战略意义

（一）推动行业创新与差异化竞争

在行业成熟阶段，市场竞争更加激烈，产品和服务的同质化现象愈发严重。此时，企业的使命感和价值感成为推动行业创新与差异化竞争的关键因素。

1. 激发创新动力

强烈的使命感和价值感能够激励企业不断探索新的技术和商业模式。例如，苹果公司以“改变世界”的使命感为驱动，持续在产品设计和用户体验上进行创新，从 iPhone 的推出到不断更新的 iOS 系统，苹果始终引领着智能手机行业的发展潮流。这种创新不仅为企业自身带来了巨大的竞争优势，也推动了整个行业的技术进步和产品升级。

2. 实现差异化竞争

使命感和价值感可以帮助企业在众多竞争对手中脱颖而出，形成独特的品牌形象和竞争优势。以 DeepSeek 为例，长期主义的文化价值观为其差异化竞争注入持续动力。企业将自身使命转化为对底层技术的深耕，坚持长期研发投入规划，而非追逐短期风口。面对行业普遍押注多模态、追求产品快速落地的趋势，DeepSeek 主动舍弃扩张诱惑，聚焦于训练推理效率优化这一“硬骨头”，通过自主开发的 MLA 架构和 DeepSeekMoESparse 结构，大幅降低了人工智能应用的成本。这种选择源于长期价值判断：只有从根本上降低企业应用门槛，才能实现 AI 技术的普惠价值。

3. 引领行业发展方向

具有强烈使命感和价值感的企业往往能够敏锐地捕捉到市场和社会需求的变化，从而引领行业的发展方向。例如，特斯拉以“加速世界向可持续能源的转变”为使命，推动了电动汽车技术的快速发展和市场普及，促使传统汽车制造商纷纷向电动化转型，改变了整个汽车行业的格局。

（二）促进企业与社会的可持续发展

在行业成熟阶段，企业的使命感和价值感不仅有助于自身的发展，还能够促进企业与社会的可持续发展。

1. 推动企业社会责任履行

使命感和价值感使企业更加关注自身的社会责任，积极投身于社会公益事业，推动社会和谐发展。例如，阿里巴巴通过公益平台鼓励员工和用户参与公益活动，支持教育、扶贫、环保等公益项目。同时，阿里巴巴还通过自身的技术和平台优势，推动农村电商发展，助力乡村振兴，为社会创造了巨大的价值。

2. 推动行业可持续发展

使命感和价值感促使企业更加注重环境保护和资源利用效率，推动行业的可持续发展。例如，伊利集团以“让世界共享健康”为使命，积极构建“全球健康生态圈”，推动全产业链的可持续发展。伊利通过优化生产流程、推广绿色包装等方式，减轻对环境的影响；同时，伊利与供应商、经销商等合作伙伴共同推动可持续发展，提升了整个行业的可持续发展水平。在追求可持续发展的道路上，企业不仅应关注自身的经济利益，更要将环境保护、社会责任与公司治理视为不可或缺的一部分，积极践行ESG理念。同时，循环经济作为推动可持续发展的重要手段，正逐渐成为企业发展的新趋势。企业可以通过资源的循环利用和废弃物的有效处理，有效降低生产成本，尽量避免对环境的负面影响。

（三）塑造企业良好的社会形象

1. 塑造品牌形象

企业的使命感和价值感是其品牌形象的重要组成部分，能够使企业在消费者心中树立起独特的形象。例如，可口可乐以“畅爽世界，因我不同”为初心，这一初心使命贯穿于可口可乐的产品设计、市场推广和品牌建设中，使其品牌形象深入人心，成为全球消费者喜爱的饮料品牌。通过强调使命感和价值感，企业能够向消费者传递积极向上的价值观，从而在消费者心中建立起良好的品牌形象，增强品牌的竞争力。

2. 提高社会认可度

在当今社会，消费者和社会公众越来越关注企业的社会责任和价值观。具有强烈使命感和价值感的企业更容易获得社会的认可和支持。例如，星巴克的使命是“激发并孕育人文精神，每人，每杯，每个社区”，星巴克通过提供优质的产品和服务，营造舒适的社区氛围，不仅赢得了消费者的喜爱，也获得了社会的广泛认可。这种社会认可度的提升有助于企业建立良好的社会关系，拓展市场空间，为企业的发展创造有利的外部环境。

二、增强使命感和价值感的具体策略

（一）明确企业使命与价值观

在“内卷”时代，企业要增强使命感和价值感，首先必须明确自身的使命与价值观。企业使命是企业存在的根本理由，是企业发展的方向指引，而价值观则是企业在发展过程中所遵循的基本信念和行为准则。

1. 使命的明确性

企业使命应简洁明了且具有针对性，能够清晰地表达企业为社会创造的价值。例如，阿里巴巴的使命是"让天下没有难做的生意"，这一使命明确地指出了阿里巴巴致力于通过互联网平台帮助中小企业解决商业难题，推动商业繁荣发展。这种明确的使命让企业的发展方向更加清晰，也为员工和合作伙伴提供了明确的指引。

2. 价值观的提炼

企业价值观的提炼需要结合企业的核心竞争力和长期发展目标。例如，华为的核心价值观包括"以客户为中心，以奋斗者为本，长期艰苦奋斗，坚持自我批判"。这些价值观不仅体现了华为对客户和员工的重视，也强调了企业持续创新和自我提升的精神。通过提炼和明确这些价值观，企业能够为员工的行为和决策提供指导，形成良好的企业文化氛围。

（二）将使命感融入企业文化与管理实践

明确了企业使命与价值观后，企业需要将使命感融入企业文化与管理实践中，使其在企业的日常运营中得到体现和传承。

1. 企业文化建设

企业文化是企业使命和价值观的载体，通过文化建设，企业可以将使命感内化于员工的内心。例如，通过举办企业文化活动、设立企业使命墙等方式，不断强化员工对企业使命的认知和认同。同时，企业文化建设还应注重员工的参与和互动，让员工在参与中感受到使命感的力量。例如，海尔通过"人单合一"的管理模式，将员工与企业的使命紧密结合，让员工在完成任务的过程中实现自身的价值，同时推动企业的发展。

2. 管理实践中的体现

企业管理实践是企业使命落地的重要环节。在人力资源管理方面，企业可以通过招聘、培训和绩效考核等环节，将使命感融入员工的选拔、培养和激励中。例如，在招聘过程中，企业应注重考察应聘者是否认同企业的使命和价值观；在培训中，企业应将自身使命和价值观作为重要内容进行培训和宣贯；在绩效考核中，企业应将员工对企业使命的贡献作为重要的考核指标。在管理决策方面，企业也应以自身使命为指导，确保企业的战略决策和发展方向与企业使命保持一致。

三、成功案例分析

（一）胖东来：用真心换真心

胖东来是一家具有强烈使命感和价值感的企业，其价值感主要体现在回归商业价值、客户价值和社会价值方面。

1. 回归商业价值

胖东来通过诚信经营、优质服务和良好的品牌形象，赢得了消费者的信任和市场的认可。其商业模式强调长期主义，不追求短期利益，而是注重企业的可持续发展。例如，胖东来在商品采购和销售过程中，坚持货真价实，不卖假货，这种诚信经营的理念不仅为消费者提供了可靠的购物环境，也为企业自身赢得了良好的口碑和商业信誉。

2. 回归客户价值

胖东来以客户为中心，提供极致的服务体验。例如，其实行“无理由退换货”，无论商品是否使用过，只要消费者不满意，都可以免费退换，还有“看电影不满意可退款”等服务，这些举措体现了胖东来对客户价值的高度重视，把客户的满意度放在首位，通过满足客户需求和解决客户问题，为客户创造更多的价值。

3. 回归社会价值

胖东来不仅关注商业利益，还积极履行社会责任。例如，其创始人于东来多次为社会公益事业捐款，如在疫情防控期间的大额捐款等。此外，胖东来还注重员工的福利和职业发展，为员工提供良好的工作环境和待遇，让员工在工作中感受到尊严和价值。这种对社会价值的追求，使胖东来在商业成功的同时，也为社会做出了积极的贡献，实现了企业价值与社会责任的统一。

（二）宝洁公司：以改善消费者生活为使命

宝洁公司的使命是“提供能改善全球消费者生活的优良的和有价值的产品”，这一使命体现了宝洁对消费者的高度关注和责任感。

1. 以消费者为中心的产品创新

宝洁公司始终以消费者的需求为导向，不断进行产品创新。例如，在洗发水领域，宝洁通过大量的市场调研，发现消费者对头发护理的需求不仅仅局限于清洁，还包括滋养、修复、防脱发等多个方面。因此，宝洁推出了多款针对不同头发问题的洗发水产品，如潘婷的营养滋润系列、海飞丝的去屑系列等，满足了消费者多样化的需求。

2. 社会责任与品牌形象塑造

宝洁公司不仅关注产品的质量和创新，还积极履行社会责任，通过公益活动提升品牌形象。例如，宝洁在全球范围内开展了“儿童安全饮用水计划”，为贫困地区提供清洁饮用水，改善当地居民的生活条件。这一公益活动不仅体现了宝洁的社会责任感，也进一步提升了宝洁在消费者心中的品牌形象，增强了消费者对宝洁品牌的认同感和忠诚度。

3. 员工的价值观培养

宝洁公司通过企业文化建设和员工培训，将使命感融入员工的行为准则中。宝洁的员工培训中，有一门重要的课程就是“消费者至上”的价值观教育，让员工明白自己的工作是为了改善消费者的生活。同时，宝洁还设立了“消费者满意奖”等激励机制，鼓励员工在工作中以消费者为中心，提供高质量的产品和服务。

（三）拉卡拉支付：以用户价值创造为核心的使命感实践

拉卡拉支付的使命是“为经营者创造价值，与创造者分享成果”，这一使命在其发展历程中得到了充分体现。

1. 创新支付解决方案

拉卡拉支付通过不断创新支付解决方案，满足用户在不同场景下的支付需求。例如，拉卡拉率先推出智能 POS 机，让 商户可以统一受理银行卡、二维码支付等各种支付方式，有效提高了商户的经营效率。此外，拉卡拉还推出了收款宝盒等一系列收款终端，为不同规模的商户提供了多样化的支付选择。

2. 用户需求驱动的产品创新

拉卡拉支付始终以用户需求为导向，进行产品和服务的创新。例如，拉卡拉通过深入了解商户的经营特点及资金需求，有针对性地推出不同的到账模式，如“梦里到账”“睁眼到账”“开门到账”等，满足了商户对资金到账时间的不同需求。这种以用户需求为核心的产品创新，不仅提升了用户的使用体验，也增强了拉卡拉在支付市场的竞争力。

3. 社会责任与企业价值的统一

拉卡拉支付在追求商业成功的同时，也积极履行社会责任。例如，拉卡拉联合中国银行广东省分行为港珠澳大桥上的收费站提供高效的支付服务，支持扫码、刷卡、云闪付等所有主流支付方式，确保了过往车辆支付通关的速度和稳定性。这一举措不仅体现了拉卡拉的技术实力，也展现了其对社会基础设施建设的支持，实现了企业价值与社会责任的统一。

四、案例带来的启示与借鉴

（一）使命与价值观的明确性与一致性

从胖东来、宝洁和拉卡拉支付的案例中我们可以看出，明确且一致的使命与价值观是企业增强使命感和价值感的基础。企业需要清晰地定义自身的使命和价值观，并确保这些使命和价值观在企业的各个层面得到一致的贯彻和执行。例如，华为的“以客户为中心”、宝洁的“改善全球消费者生活”和拉卡拉的“为经营者创造价值”都具有明确的目标和方向，这些使命和价值观不仅为企业的发展提供了指引，也为员工的行为和决策提供了依据。

（二）使命融入企业文化与管理实践

使命和价值观需要通过企业文化建设和管理实践来落地生根。企业可以通过举办企业文化活动、设立使命墙等方式，不断强化员工对企业使命的认知和认同。同时，在管理实践中，企业应将使命和价值观融入招聘、培训、绩效考核等各个环节，确保企业的战略决策和发展方向与使命保持一致。例如，华为通过“以客户为中心”的价值观教育和激励机制，将使命感传递给每一位员工；宝洁通过“消费者至上”的价值观教育和激励机制，培养员工的使命感；拉卡拉支付通过创新支付解决方案和用户需求驱动的产品创新，将使命感融入企业的日常运营中。

（三）使命驱动的创新与差异化竞争

强烈的使命感和价值感能够激发企业的创新动力，推动企业在产品和服务上不断创新，从而实现差异化竞争。企业应以使命为导向，积极探索新的技术和商业模式，满足市场和社会的需求。例如，苹果公司以“改变世界”的使命感为驱动，持续在产品设计和用户体验上进行创新，引领了智能手机行业的发展潮流；海底捞通过不断创新服务模式，打造了“服务至上”的差异化品牌形象。

（四）使命与社会责任的结合

企业的使命感不仅体现在商业成功上，还应体现在对社会责任的履行上。企业应将使命感与社会责任相结合，积极投身于社会公益事业，推动社会和谐发展。例如，阿里巴巴通过公益平台，支持教育、扶贫、环保等公益项目；星巴克通过提供优质的产品和服务，营造舒适的社区氛围，赢得了社会的广泛认可。这种使命感与社会责任的结合，不仅有助于企业树立良好的社会形象，也为企业的发展创造了有利的外部环境。

（五）使命对员工凝聚力与归属感的提升

明确的使命感和价值感能够有效提升员工的凝聚力和归属感。企业应通过文化建设、员工培训和激励机制等方式，让员工深刻理解企业的使命和价值观，感受到自己是企业重要的一部分。例如，华为通过“以客户为中心”的价值观教育，凝聚了员工的力量；宝洁通过“消费者至上”的价值观教育，提升了员工的归属感。这种凝聚力和归属感的提升，不仅有助于企业吸引和留住优秀人才，也为企业的长期发展提供了坚实的人才保障。

在“内卷”时代，企业面临着激烈的市场竞争、有限的资源以及不断变化的外部环境等多重挑战。传统的增长模式和战略已难以适应当前的市场环境，企业必须通过战略升级来寻找新的发展动力和竞争优势。增强使命感和价值感成为企业战略升级的重要方向之一，具有深远的战略意义。

通过增强使命感和价值感，企业能够有效提升员工的凝聚力和归属感，使员工在工作中找到更深层次的动力，从而凝聚成一股强大的力量，共同推动企业的发展。同时，使命感和价值感的强化也有助于企业塑造良好的品牌形象，提升社会认可度，增强企业的市场竞争力。在行业成熟阶段，企业的使命感和价值感成为推动行业创新与差异化竞争的关键因素，能够激发企业的创新动力，帮助企业实现差异化竞争，引领行业的发展方向。此外，使命感和价值感促使企业更加注重环境保护和资源利用效率，推动行业的可持续发展，促进企业与社会的良性互动，实现企业价值与社会责任的统一。

在实践中，企业需要明确自身的使命与价值观，并将使命感融入企业文化与管理实践中，使其在企业的日常运营中得到体现和传承。此外，企业还要积极履行社会责任，通过公益活动、环保行动等方式，提升企业的社会形象和品牌价值，赢得社会的信任和支持。

然而，在增强使命感和价值感的过程中，企业也面临着内部文化冲突与价值观分歧、外部市场环境变化与社会期望差异等挑战。企业需要通过有效的文化建设、灵活的战略调整和积极的社会责任履行来应对这些挑战。例如，企业应通过加强沟通与交流、明确核心价值观、建立统一的文化体系等方式，解决内部文化冲突和价值观分歧等问题；通过加强市场调研与战略调整、积极履行社会责任、加强品牌建设与沟通等方式，应对外部市场环境变化与社会期望差异等挑战。

总之，在“内卷”时代，增强使命感和价值感是企业战略升级的重要方向，能够为企业带来诸多战略优势，推动企业的可持续发展。企业需要在实践中不断探索和创新，将使命感和价值感融入企业的各个方面，以应对“内卷”时代的挑战，实现企业的长远发展。

3 第三节 竞争力塑造：企业发展的核心优势

一、差异化

差异化是指企业在产品、服务、品牌、商业模式等方面与竞争对手形成显著的、独特的差异，从而吸引特定的客户群体，满足其独特需求。差异化战略的核心在于通过提供与众不同的价值主张，使企业在激烈的市场竞争中脱颖而出。例如，苹果公司通过其独特的设计、强大的生态系统和卓越的用户体验，与竞争对手形成了明显的差异化。

（一）对企业的影响

1. 增强市场竞争力

差异化使企业能够避开同质化竞争，降低价格战的压力。通过提供独特的价值，企业可以吸引特定的客户群体，提高客户忠诚度，从而在市场中占据一席之地。例如，胖东来通过其极致的体验，吸引了大量忠实客户。

2. 提升品牌价值

差异化有助于企业塑造独特的品牌形象，提升品牌的知名度和美誉度。独特的品牌形象能够使企业在消费者心中留下深刻的印象，从而提升品牌价值。例如，可口可乐通过其经典的红色包装和“开启快乐”的品牌理念，成功塑造了与百事可乐不同的品牌形象，吸引了不同消费群体的青睐。

3. 促进创新

为了实现差异化，企业需要不断投入资源进行技术创新、产品设计和服务优化。这种持续的创新不仅能够提升企业的竞争力，还能推动企业的发展。例如，华为公司通过持续的技术创新，在通信技术领域取得了显著成就，从2G到5G，不断突破技术瓶颈，保持了企业的领先地位。

（二）实际策略

1. 产品差异化

企业可以通过技术创新、产品设计等方式，使产品在功能、性能、外观等方面与竞争对手的产品形成显著差异。例如，苹果公司通过其革命性的用户界面、强大的芯片技术和完整的生态系统，使iPhone在智能手机市场中脱颖而出。企业还可以通过定制化服务，满足不同客户群体的个性化需求。例如，小米公司通过其MIUI系统，为用户提供高度可定制化的功能，满足了不同用户的需求。

2. 服务差异化

企业可以提供与众不同的服务体验，包括售前咨询、售后服务、客户关怀等方面。例如，海底捞通过其极致的服务体验，如排队等候时的免费小吃、用餐过程中的个性化服务等，全方位提升了顾客的就餐体验。企业还可以通过建立客户反馈机制，及时了解客户需求，不断优化服务。例如，星巴克通过其“第三空间”理念，为消费者提供了一个舒适、放松的社交场所，提升了消费者的体验。

3. 品牌差异化

企业可以通过塑造独特的品牌形象和文化内涵，与竞争对手区分开来。例如，可口可乐通过其经典的红色包装和“开启快乐”的品牌理念，成功塑造了与百事可乐不同的品牌形象。企业还可以通过品牌故事、品牌活动等方式，增强品牌的吸引力和感染力。例如，耐克通过其“Just Do It”的品牌口号和一系列激励人心的品牌活动，成功塑造了运动、活力、挑战的品牌形象，吸引了大量年轻消费者。

二、坚持长期主义

长期主义是一种以长远目标为导向的战略思维，强调企业在决策和行动中注重长期利益，而非短期利益。长期主义要求企业具备战略定力和耐心，持续投入资源进行技术研发、品牌建设、客户关系维护等，以实现企业的可持续发展。例如，华为公司多年来持续在通信技术研发上投入大量资金和人力，从2G到5G，不断突破技术瓶颈，推动通信技术的升级换代。

（一）对企业的影响

1. 增强企业韧性

长期主义使企业能够抵御短期市场波动和竞争压力，保持战略定力。通过持续投入资源进行技术研发和产品创新，企业能够不断提升自身的竞争力，从而在市场中保持领先地位。例如，华为在面对美国的技术封锁时，凭借其多年的技术积累和战略定力，依然能够保持业务的稳定发展。

2. **提升客户忠诚度**

长期主义使企业能够与客户建立长期稳定的合作关系，通过提供优质的产品和服务，满足客户的长期需求，提高客户的忠诚度和复购率。例如，亚马逊通过其强大的电商平台和优质的物流服务，为消费者提供了便捷的购物体验。同时，亚马逊还通过会员制度、个性化推荐等方式，不断加强与客户的互动和联系，使客户成为其长期的忠实用户。

3. **促进企业创新**

长期主义使企业能够持续投入资源进行技术创新和商业模式创新，推动企业持续发展。通过不断探索新的技术领域和商业模式，企业能够保持竞争力，实现可持续发展。例如，比亚迪始终坚持自主研发和技术创新，持续对新能源汽车发展进行投入，经过多年的坚持和努力，比亚迪在电池技术、电动汽车制造等方面取得了显著成就，如今已成为全球新能源汽车行业的领军企业之一。

（二）实际策略

1. **持续创新**

企业需要将创新作为长期发展的核心动力，不断投入资源进行技术研发、产品创新和商业模式创新。例如，华为公司多年来持续在通信技术研发上投入大量资金和人力，从 2G 到 5G，不断突破技术瓶颈，推动通信技术的升级换代。企业还可以通过建立创新机制，鼓励员工提出创新想法，推动企业的持续创新。例如，谷歌公司通过其“20%时间”政策，鼓励员工利用部分工作时间开展创新项目，从而推动了企业的技术创新和产品创新。

2. **客户关系长期化**

企业要注重与客户的长期合作，建立稳固的客户关系。企业通过提供优质的产品和服务，满足客户的长期需求，提高客户的忠诚度和复购率。例如，亚马逊通过其强大的电商平台和优质的物流服务，为消费者提供了便捷的购物体验。同时，亚马逊还通过会员制度、个性化推荐等方式，不断加强与客户的互动和联系，使客户成为其长期的忠实用户。企业还可以通过客户反馈机制，及时了解客户需求，不断优化产品和服务，提升客户满意度。

3. 战略定力与耐心

企业在制定战略时，要有长远的眼光和坚定的信念，不被短期的市场波动和竞争压力所左右。例如，比亚迪在发展新能源汽车业务的过程中，即使在早期面临技术难题和市场质疑的情况下，也没有放弃自己的战略方向。企业还需要通过建立战略评估机制，定期评估战略的实施效果，及时调整战略方向，确保战略的长期有效性。例如，苹果公司在其产品开发过程中，始终坚持“简洁、易用”的设计理念，即使在市场竞争激烈的情况下，也没有盲目跟风，从而保持了其产品的独特性和竞争力。

总之，在“内卷”时代，企业通过差异化战略可以有效避开同质化竞争，突出自身特色和优势；而长期主义则有助于企业保持战略定力，持续投入资源进行创新和发展，从而在行业成熟阶段建立起强大的竞争力，实现可持续发展。

4 第四节 执行力强化：企业发展的行动保障

在“内卷”时代，当企业走向行业发展成熟阶段时，打造高效执行力是战略升级的关键方向之一。企业可以从战略解码和考核激励两方面入手，打造自己的高效执行力。以下从内涵、对企业的影响和实际策略三个方面分别对战略解码和考核激励进行阐述。

一、战略解码

（一）内涵

战略解码是将企业的战略目标逐层分解为可执行的任务和指标的过程。它通过明确战略目标、关键成功因素（CSF）、关键绩效指标（KPI）和重点工作任务，确保每个层级和岗位的行动与公司整体目标一致。战略解码的核心是将抽象的战略目标转化为具体、可衡量、可执行的任务，使每个员工都清楚自己的工作目标和责任。

（二）对企业的影响

1. 增强战略执行力

通过战略解码，企业能够将战略目标层层分解，确保每个层级的员工都明确自己的任务和责任，从而提高战略执行的效率和效果。例如，华为通过其 BEM（业务执行力模型）战略解码体系，将战略目标分解到组织和个人层面，确保每个岗位的行动与公司整体目标一致。

2. 提升组织协同性

战略解码使各部门和岗位的任务紧密围绕公司战略展开，消除沟通壁垒和执行偏差，增强组织内部的协同性；通过明确的路径和方法实现上下对齐，确保每个层级的行动与公司整体目标一致。

3. 优化资源配置

通过战略解码，企业可以明确关键成功因素和重点任务，从而优化资源配置，将有限的资源投入到最能推动战略目标实现的领域。例如，通过识别关键质量因素（CTQ），企业可以将资源优先分配到这些关键领域，提高资源利用效率。

（三）实施策略

1. 全面诊断执行力现状

一是深入内部调研。深入企业一线业务场景，从人员、设备、物料、方法、环境等方面入手，实地观察工作流程和员工操作，获取最直观、真实的信息。收集企业内部核心业务流程、管理制度，进行细致分析，找出流程烦琐、制度不合理等影响执行力的内部因素。

二是对标外部经验。研究同行业或其他行业的优秀企业，分析其在执行力方面的成功做法和创新模式，对比自身，找出可借鉴之处，避免重复犯错。

三是广泛收集意见。通过问卷调查、员工访谈、小组讨论等方式，广泛收集不同层级员工对企业执行力的看法、意见和建议。了解员工在执行过程中遇到的困难、对工作目标的理解程度以及对激励机制的满意度等，为后续改进提供依据。

2. 清晰定义执行力标准

一是分阶段设定目标。结合企业战略和业务特点，将执行力划分为不同阶段，为每个阶段设定明确、可衡量的目标和行为标准。在基础阶段，要求员工能够准确理解任务并按时完成；在进阶阶段，鼓励员工主动思考、优化工作方法；在高级阶段，强调员工能够带动团队提升整体执行力。

二是明确各层级职责。根据不同层级员工的工作性质和角色，明确其在执行过程中的具体职责和关键任务。确保高层领导能够制定清晰的战略方向并推动执行，中层管理者有效协调资源、监督执行进度，基层员工严格按照标准和流程完成工作任务。

3. 构建完善的执行力改善体系

一是优化执行条件。梳理企业组织架构和管理流程，剔除不必要的环节，确保决策流程高效、信息传递畅通。合理配置人力、物力、财力等资源，避免资源闲置或分配不均。建立健全风险管理机制，提前识别和应对执行过程中的各类风险。

二是激发执行意愿。塑造积极向上的企业文化，使员工认同企业的价值观和目标，增强归属感和责任感。完善绩效考核体系，将执行力表现与员工的薪酬、晋升、奖励等挂钩，同时设置多样化的激励措施，如荣誉奖励、提供培训机会、量身定制职业发展规划等，满足员工不同层次的需求。

三是提升执行能力。制定科学合理的人才招聘标准，选拔具备专业技能和执行能力的人才。为员工提供系统的培训和学习机会，包括业务知识、沟通技巧、团队协作等方面的培训，帮助员工不断提升自身能力。建立人才储备库，关注员工的职业发展，为有潜力的员工提供晋升通道和发展空间。

4. 推动执行力落地实践

一是选取试点项目。选择具有代表性、影响力较大且执行难度适中的项目作为试点，集中资源进行重点突破。通过试点项目积累经验，发现问题，及时调整优化，为全面推广提供实践依据。

二是强化过程管理。在执行过程中，建立有效的监督和反馈机制，定期跟踪项目进展情况，及时发现和解决执行过程中的问题。鼓励员工积极反馈执行过程中的困难和建议，对提出有效解决方案的员工给予奖励。

三是持续优化改进。定期对执行力提升策略的实施效果进行评估，根据评估结果总结经验教训，调整和完善相关策略和措施。将成功的经验和做法固化为企业的制度和流程，形成长效机制，不断推动企业执行力的提升。

二、考核激励

（一）内涵

考核激励是指通过科学的绩效考核和合理的激励机制，激发员工的积极性和创造力，确保员工的行为与企业战略目标一致。考核激励的核心是通过明确的绩效目标、公正的考核标准和有效的激励措施，激发员工的内在动机，提高员工的工作满意度和忠诚度。

（二）对企业的影响

1. 提升员工积极性

通过明确的绩效目标和公正的考核标准，员工能够清楚地了解自己的工作表现与绩效之间的关系，从而激发员工的积极性和创造力。例如，设立明确的绩效目标和奖励机制，使员工更有动力去完成工作任务。

2. 提高员工忠诚度

合理的激励机制不仅能够提高员工的工作满意度，还能增强员工对企业的认同感和忠诚度。通过激励措施，员工感受到企业的关怀和认可，从而更愿意长期为企业服务。

3. 优化企业绩效

通过考核激励，企业能够更好地评估员工的工作表现，及时发现和解决绩效问题，优化企业整体绩效。例如，通过定期的绩效考核和反馈机制，企业可以及时调整员工的工作方向和策略，提高工作效率和质量。

（三）实施策略

1. 明确绩效目标

将战略目标分解为具体的绩效目标，确保每个岗位的绩效目标与公司整体目标一致。绩效目标应具有明确性、可衡量性、可实现性、相关性和时限性（SMART 原则）。

2. 建立公正的考核标准

制定科学合理的考核标准，确保考核的公正性和客观性。考核标准应包括定量指标和定性指标。定量指标，如销售额、生产效率等；定性指标，如团队合作、创新能力等。例如，通过 360 度绩效评估，综合上级、同事、下属和客户的反馈，全面评估员工的工作表现。

3. 设计合理的激励机制

根据员工的需求和绩效表现，设计合理的激励机制。激励机制可以包括物质激励和精神激励，物质激励如奖金、晋升、福利等，精神激励如表彰、荣誉、培训机会等。例如，对于表现优秀的员工，企业可以给予奖金奖励，同时提供晋升机会和培训资源，帮助员工提升个人能力。

4. **实施动态管理**

考核激励机制应根据企业发展阶段和市场环境的变化进行动态调整。企业需要定期评估考核激励机制的有效性，及时调整考核标准和激励措施，确保其始终能够激发员工的积极性和创造力。例如，随着企业战略的调整，绩效目标和考核标准也应相应更新，以适应新的发展需求。

总之，在“内卷”时代，企业通过战略解码和考核激励，能够有效提升执行力，确保战略目标的高效落地。战略解码使企业能够将战略目标层层分解，明确每个层级和岗位的任务和责任；考核激励则通过科学的绩效考核和合理的激励机制，激发员工的积极性和创造力，从而在行业成熟阶段建立起强大的竞争力，实现可持续发展。

第四章

组织升级：构建适应变化的新形态

第一节 传统组织的困境

在当今快速变化的商业环境中，传统组织模式正面临着前所未有的挑战。传统组织通常呈现出层级式结构，这种结构虽然在一定程度上保证了组织的稳定性和秩序，但也带来了诸多弊端。

一、层级过多

层层汇报的机制使得信息传递需要经过多个层级，这不仅减缓了信息的传递速度，还容易导致信息在传递过程中失真。当市场出现紧急变化时，一线员工发现了新的市场需求或竞争对手的新动向，这些信息需要依次经过主管、经理、总监等多个层级才能到达决策层。在这个漫长的传递过程中，信息可能被层层过滤，甚至被误解，导致决策层无法及时、准确地了解市场动态，从而错过最佳的决策时机。

二、部门协作困难

各部门往往以自身利益为出发点，追求本部门利益的最大化，而忽视了组织的整体利益。销售部门为了追求销售额，可能过度承诺交货时间；而生产部门则更关注生产效率和成本控制，可能无法满足销售部门承诺的交货时间，导致部门之间产生矛盾和冲突。此外，不同部门之间的信息壁垒也使得协同工作变得异常艰难，信息难以共享，重复劳动现象严重，大大降低了组织的整体效率。

三、决策缓慢

由于决策需要经过多个层级的审批，涉及众多部门的参与和协调，决策过程往往冗长而复杂。在面对市场的快速变化和激烈竞争时，这种缓慢的决策机制使得企业难以迅速做出反应，无法及时抓住市场机遇，应对竞争对手的挑战。例如，当竞争对手推出一款具有创新性的产品时，企业可能需要花费数月的时间进行市场调研、内部讨论、方案制定和审批等，才能决定是否推出相应的竞争产品。在这个过程中，市场可能已经发生了新的变化，企业的决策可能已经滞后于市场需求。

四、员工积极性和创造力受限

在传统组织中，员工往往处于被动执行的角色，缺乏自主决策和创新的空间。严格的层级制度和烦琐的流程限制了员工的主动性和创造性，使得他们难以充分发挥自己的潜力。长期处于这种环境下，员工容易产生职业倦怠，对工作失去热情和动力，进而影响整个组织的创新能力和竞争力。

面对这些困境，企业迫切需要组织升级，以适应市场的变化和发展需求。组织升级并非简单的修修补补，而是一场深刻的变革，它涉及组织架构、管理模式、业务流程、企业文化等多个方面的调整和优化。只有通过全面的组织升级，企业才能打破传统组织的束缚，实现更高的效率，获得更强的创新能力和更灵活的应变能力。

第二节 小微组织：灵活创新的先锋

一、小微组织的概念与特点

（一）概念

小微组织，是指规模较小、结构相对简单的组织形式，通常由少数核心成员组成，致力于实现特定的业务目标。这些组织摆脱了传统组织的层级束缚，以其小巧灵活的架构，在市场中展现出独特的优势。

（二）特点

1. 规模小

小微组织的人员规模通常较小，这使得组织内部的沟通成本大幅降低。成员之间能够进行直接、高效的交流，避免了信息在传递过程中的损耗。例如，一家小型创业公司，可能只有十几名员工，团队成员可以随时围坐在一起讨论项目进展，解决问题，决策能够被迅速传达并执行。

2. 灵活性高

小微组织能够快速响应市场变化，及时调整业务策略。其决策流程简单，不需要经过烦琐的层级审批，因此能够在短时间内做出决策并付诸行动。在市场需求发生变化时，小微组织可以迅速调整产品或服务方向，满足客户的新需求。

3. 创新能力强

成员之间紧密的合作和频繁的思想碰撞，为创新提供了肥沃的土壤。小微组织鼓励成员提出新的想法和建议，并且能够快速将这些创新理念转化为实际行动。一些专注于科技创新的小微团队，能够凭借其独特的创新思维，在短时间内开发出具有创新性的产品或服务，在市场中崭露头角。

二、小微组织的优势及相关案例

1. **提升效率**

以某互联网科技公司为例，该公司将业务划分为多个小微团队，每个团队负责一个独立的业务模块。团队成员拥有高度的自主权，能够根据业务需求自主决策，快速推进项目。这种组织形式使得公司的业务开发速度大幅提升，产品迭代周期从原来的数月缩短至数周，能够更快地将产品推向市场，满足用户需求。

2. **激发创新**

在金融科技领域，一家小微创业公司专注于开发智能投顾产品。团队成员具有不同的专业背景，包括金融、计算机科学、数学等。他们在开放、包容的环境中工作，该环境鼓励跨学科的交流与合作。通过不断地尝试和创新，该公司成功开发出一款具有创新性的智能投顾产品，为用户提供个性化的投资建议，在竞争激烈的金融市场中获得了一席之地。

3. **增强员工积极性**

某餐饮企业采用小微组织模式，将各个门店划分为独立的小微团队，赋予团队成员自主管理门店的权力。团队成员可以根据当地市场需求和顾客反馈，自主调整菜品、定价和服务方式。这种模式激发了员工的积极性和创造力，员工们更加关注顾客需求，努力提升服务质量，门店的业绩也得到了显著提升。

3 第三节 超级员工：组织的核心驱动力

一、超级员工的特质与价值

超级员工作为组织中的中流砥柱，有着多方面的独特特质，这些特质使其在组织中发挥着不可替代的关键作用。以董宇辉为例，这位从陕西农村走出的青年才俊，凭借自身的智慧、不懈的努力以及勤奋，从一名英语教师转型为直播带货界的超级明星。他不仅在直播间里以渊博的知识和独特的语言魅力吸引了数千万粉丝，更通过创新的直播方式，将农产品与文化、情怀相结合，创造了令人瞩目的销售业绩。董宇辉的成功，正是超级员工特质与价值的生动体现。超级员工的特质与价值可以归纳为以下几点：

1. 专业能力卓越

超级员工在自己的专业领域拥有深厚的知识和精湛的技能，能够解决复杂的问题，为组织提供高质量的成果。在科技企业中，一些技术专家对算法、编程等方面有着深入的研究和丰富的经验，他们能够开发出创新性的产品或优化现有技术，为企业在激烈的市场竞争中赢得技术优势。

2. 创新思维活跃

他们敢于突破传统思维的束缚，提出新颖的想法和解决方案，为组织带来新的发展机遇。以苹果公司为例，史蒂夫·乔布斯不仅是公司的创始人，更是一位极具创新思维的超级员工，他对产品设计和用户体验有着独特的见解，推动苹果推出了一系列具有划时代意义的产品，如 iPhone、 iPad 等，改变了整个行业的发展格局，使苹果成为全球最具价值的公司之一。

3. 影响力强大

超级员工不仅在组织内部能够影响同事的工作态度和行为，还能在外部对客户、合作伙伴甚至整个行业产生积极的影响。他们的专业声誉和个人魅力能够吸引更多的资源和机会，提升组织的知名度和影响力。在金融领域，一些知名的投资专家凭借其卓越的投资眼光和出色的业绩，成为行业内的意见领袖，他们的投资决策和观点往往会引发市场的关注和跟随，为所在机构带来更多的业务机会和合作伙伴。

4. 强烈的责任心和敬业精神

超级员工对工作充满热情，对组织高度忠诚，愿意为实现组织目标付出额外的努力。他们会主动承担责任，积极解决工作中遇到的各种问题，是组织发展的可靠力量。在许多创业公司中，核心团队成员往往都是超级员工，他们与公司同甘共苦，在创业初期面临各种困难和挑战时，依然坚守岗位，努力推动公司发展壮大。

二、培养与管理超级员工的策略

1. 建立差异化激励机制

合理的薪酬待遇是对超级员工价值的直接认可，这意味着企业需要打破“大锅饭”制度，建立差异化的激励机制。企业应当根据员工的实际贡献和价值来分配薪酬和福利，而不是简单地采用平均分配的方式。通过提供具有竞争力的薪酬和福利，如绩效奖金、项目奖金、股权激励等，企业可以将员工的收入与工作成果紧密挂钩，以此吸引和留住超级员工。

2. 赋予充分的自主权和决策权

超级员工通常具备较强的能力和自信，他们渴望在工作中拥有更多的自主权和决策权。组织应该信任他们，给予他们足够的空间和资源，让他们能够按照自己的方式开展工作。一些创新型企业设立了独立的项目团队，赋予团队成员充分的自主权，让他们自主决定项目的方向、进度和资源分配，激发了员工的积极性和创造力，取得了显著的创新成果。

3. 提供广阔的发展空间和晋升机会

超级员工追求个人的成长和发展，组织应该为他们提供明确的职业发展路径和晋升机会。企业可以通过内部培训、导师制度、轮岗等方式，帮助他们提升能力、拓宽视野；为他们提供承担更多责任和挑战的机会，让他们在不同的岗位上锻炼和成长。一些大型企业建立了完善的人才培养体系，为超级员工提供晋升到管理岗位或专家岗位的机会，让他们能够在组织中发挥更大的作用。

4. 营造良好的工作氛围和企业文化

积极向上、开放包容的工作氛围和企业文化能够吸引超级员工，并激发他们的工作热情。组织应该倡导团队合作、创新精神和持续学习的价值观，鼓励员工之间的交流与合作，营造一个互相尊重、支持和鼓励的工作环境。谷歌公司以其独特的企业文化而闻名，公司提供舒适的工作环境、丰富的员工活动和开放的沟通氛围，吸引了大量优秀的人才。员工们在这样的环境中能够充分发挥自己的才能，为公司创造巨大的价值。

5. 构建合伙合作机制

这一机制旨在通过合伙合作的方式，更好地培养和管理超级员工。具体来说，企业可以鼓励员工之间形成小团队或项目组，共同参与项目的策划、执行和收益分配。这种方式不仅能够激发员工的团队合作精神和创新能力，还能够让员工更加深入地了解企业的运营模式和市场需求，从而为企业的发展贡献更多的智慧和力量。

4 第四节 去边界化：打破组织的无形壁垒

一、去边界化的内涵与意义

在当今数字化和全球化的浪潮下，去边界化成为企业适应时代发展的重要趋势。去边界化，并不是要消除组织的所有边界，而是要打破那些阻碍信息流通、资源共享和协同合作的无形壁垒，使组织内部以及组织与外部之间能够实现更加顺畅的沟通与协作。

从组织内部来看，去边界化旨在打破部门之间的“部门墙”和业务流程中的“流程桶”。传统组织中，各个部门往往各自为政，关注自身的目标和利益，导致信息在部门之间传递不畅，协同效率低下。而在去边界化组织中，跨部门的合作变得更加频繁和紧密。以苹果公司为例，在产品研发过程中，设计部门、工程部门、营销部门等会紧密合作，从产品的概念设计到最终推向市场，各个环节都进行充分的沟通和协作，确保产品不仅在技术上领先，还能满足市场需求和消费者的喜好。这种跨部门的协同合作能够充分整合组织内部的资源和专业知识，提高工作效率，提高创新能力和产品的上市速度。

从组织外部来看，去边界化强调组织与外部合作伙伴、供应商、客户甚至竞争对手之间的合作与融合。在这个开放的时代，企业不再是孤立的个体，而是与整个生态系统紧密相连。例如，特斯拉与众多电池供应商、自动驾驶技术研发公司等建立了广泛的合作关系。通过与供应商的紧密合作，特斯拉能够确保电池的稳定供应和技术的不断提升；与自动驾驶技术研发公司的合作，则使特斯拉在自动驾驶领域保持领先地位。这种与外部的合作，使企业能够获取更多的资源和技术，拓展市场渠道，提升自身的竞争力。

去边界化对于企业适应变化、提升协同效率具有重要意义。在快速变化的市场环境中，企业需要迅速做出反应，调整战略和业务模式。去边界化能够打破信息传递的障碍，使企业能够及时了解市场动态、客户需求和竞争对手的情况，从而做出更加准确的决策。通过加强内部和外部的协同合作，企业能够整合各方资源，实现优势互补，提高创新能力，提升市场响应速度，更好地满足客户需求，提升企业的整体竞争力。

二、实现去边界化的途径与挑战

企业实现去边界化需要采取一系列的措施和策略，同时面临着诸多挑战。

（一）建立跨部门团队

这是打破组织内部边界的重要途径。企业可以根据项目或业务需求，组建由不同部门成员组成的跨部门团队。这些团队成员围绕共同的目标开展工作，打破了部门之间的界限，促进了信息的共享和协同合作。在项目实施过程中，团队成员可以充分发挥各自的专业优势，共同解决问题，提高项目的执行效率和质量。但跨部门团队也面临着一些挑战，如团队成员之间可能存在沟通障碍、文化差异和利益冲突等。为了解决这些问题，企业需要建立有效的沟通机制，加强团队成员之间的培训和交流，明确团队的目标和职责，建立合理的激励机制，以确保团队的高效运作。

（二）加强与外部合作

企业可以通过建立战略联盟、合作研发、供应链协同等方式，加强与外部合作伙伴的合作。通过与供应商的紧密合作，企业可以实现供应链的优化和成本的降低；通过与客户的紧密合作，企业能够更好地了解客户需求，提供个性化的产品和服务；通过与科研机构的紧密合作，企业则可以获取前沿技术，提升创新能力。但在与外部各方合作过程中，企业也面临着文化差异、信任问题和知识产权保护等挑战。企业需要加强与合作伙伴的沟通和了解，建立互信机制，明确合作双方的权利和义务，加强知识产权的管理和保护，以确保合作的顺利进行。

（三）利用信息技术

信息技术的发展为实现去边界化提供了有力的支持。企业可以通过建立统一的信息平台，实现信息的实时共享和流通。通过企业资源计划（ERP）系统，企业可以整合各个部门的业务数据，实现生产、销售、采购等环节的协同管理；通过云计算技术，企业可以将数据和应用程序存储在云端，方便员工随时随地访问和使用，提高工作效率和灵活性。但信息技术的应用也面临着数据安全、系统兼容性等问题。企业需要加强数据安全管理，采取有效的措施保护企业的核心数据；同时，要确保不同信息系统之间的兼容性，避免出现信息孤岛。

（四）培育开放的组织文化

开放的组织文化是实现去边界化的重要保障。企业需要倡导开放、包容、合作的价值观，鼓励员工打破传统思维和行为模式，积极与内部和外部的人员进行交流和合作。谷歌公司以其开放的企业文化而闻名，公司鼓励员工自由表达想法，尝试新的事物，这种文化氛围吸引了大量优秀的人才，促进了企业的创新和发展。但培育开放的组织文化无法一蹴而就，需要企业领导者的积极推动和长期的努力，通过制定相应的政策和制度，营造良好的工作氛围，让开放的文化深入人心。

5 第五节 智能组织：科技驱动的组织变革

一、智能组织的特征与技术支撑

智能组织，是指运用人工智能、大数据、云计算等先进技术，实现组织运营和管理智能化的新型组织形式。它以独特性和强大的技术支撑，成为当今组织发展的重要趋势。

（一）特征

1. 数据驱动决策

智能组织通过对海量数据的收集、分析和挖掘，能够深入了解市场动态、客户需求和内部运营状况，为决策提供精准的数据支持。例如，电商企业通过分析用户的购买行为、浏览记录等数据，能够精准地预测用户的需求，优化商品推荐和库存管理，提高销售效率和客户满意度。

2. 自动化流程

借助于人工智能和机器人流程自动化（RPA）技术，智能组织能够实现许多重复性、规律性工作的自动化处理。在财务领域，智能财务软件可以自动完成账务处理、报表生成等工作，大大提高了工作效率和准确性，减少了人为错误。

3. 智能协作

利用智能协作工具，如在线文档、项目管理软件等，团队成员可以实时共享信息、协同工作，打破时间和空间的限制。这些工具还具备智能提醒、任务分配等功能，能够提高团队协作的效率，优化协作效果。在跨地区的项目团队中，成员可以通过在线协作平台实时沟通、共同编辑文档，确保项目的顺利推进。

（二）技术支撑

1. 人工智能技术支撑

人工智能是智能组织的核心技术之一，它在智能组织中发挥着关键作用。机器学习算法可以对大量数据进行分析和预测，帮助企业发现潜在的市场机会和风险；自然语言处理技术使得人与机器之间的交互更加自然和便捷，如智能客服可以自动回答客户的问题，提高客户服务的效率。

2. 大数据技术支撑

大数据技术为智能组织提供了丰富的数据资源和强大的数据处理能力。通过对大数据的分析，企业可以深入了解客户需求、市场趋势和竞争对手情况，为制定战略决策提供依据。同时，大数据技术还可以实现对业务流程的实时监控和优化，提高组织的运营效率。

3. 云计算技术支撑

云计算技术为智能组织提供了灵活的计算资源和存储能力，使得企业可以根据业务需求灵活调整资源配置，降低运营成本。企业可以将数据和应用程序存储在云端，通过互联网随时随地访问和使用，提升了工作的灵活性和效率。

二、智能组织的实践与发展趋势

（一）实践

在金融领域，银行等金融机构采用智能组织模式，利用人工智能和大数据技术实现风险评估、客户信用分析等功能的自动化。通过对大量金融数据的分析，银行可以更准确地评估客户的信用风险，制定合理的贷款政策，降低不良贷款率。在制造业中，一些企业利用智能组织模式实现生产过程的智能化和自动化。通过物联网技术，企业可以实时监控生产设备的运行状态，利用人工智能算法预测设备故障，提前进行维护，减少设备停机时间，提高生产效率。

（二）发展趋势

随着人工智能、大数据等技术的不断发展，智能组织将在未来得到更广泛的应用和发展。未来，智能组织将更加注重人机协作，充分发挥人类和机器的优势，实现更高的效率和创新能力。同时，智能组织也将更加注重数据安全和隐私保护，确保企业和客户的信息安全。随着技术的进步，智能组织的智能化程度将不断提高，能够完成更加复杂的任务。例如，人工智能技术将不断发展，机器学习算法将更加精准，能够对更复杂的数据进行分析和预测，为企业提供更有价值的决策建议。

6 第六节 价值管控：从战略运营到价值创造

在集团化发展的浪潮中，一个根本性问题始终困扰着企业决策者：当子公司已具备独立运营能力时，集团总部的存在价值究竟何在？

传统理论将集团管控划分为操作管控、战略管控与财务管控三种模式，这种分类方式在当今商业环境中已显露出明显的局限性。其根本缺陷在于将管控简单理解为“上级管理下级”的行政指令关系，过度关注职能划分与授权机制，却忽视了集团总部最本质的价值创造功能。这种视角下的管控体系，既无法解释多元化业务板块间的协同逻辑，也难以说明集团总部存在的必要性。

现代企业集团必须建立“价值管控”的思维框架，其核心判断标准在于能否实现“1+1>2”的协同效应。具体而言，当集团旗下子公司的业务或价值总和，因集团总部的存在而获得增量提升时，这样的集团管控才具有实质性价值。这种价值创造导向的管控思维，要求我们重新定义集团总部的核心功能：不应是简单的管理者，而应成为价值串联者；不应是机械的监督者，而应成为协同赋能者。其存在的根本价值，在于通过系统性的资源整合与战略协同，创造出任何单体公司都无法独立实现的增值空间。接下来，本书将分享四种典型的价值管控模式，供读者参考。

一、主辅互补模式

主辅互补模式是一种常用的价值管控方式。多数公司在发展过程中会先形成核心业务，当核心业务进入成熟期后，公司业务往往会向相关产业延伸，形成辅助业务。典型的如地产公司，在巩固开发主业后，通常会延伸发展建筑公司、物业公司或装饰公司。这些辅业最初是为服务主业而设立的，但随着业务能力的提升，它们逐渐具备独立开展市场化业务的实力。

该模式的核心逻辑在于辅业既服务主业，又培育市场化能力。其优势在于提升企业抗风险能力——当核心业务受市场波动影响时，辅业可能因其差异化的市场特性而保持稳定，甚至转化为新增长点。当前地产行业波动正验证了这一模式：房企原有的辅业——物业服务现已成为热点领域。物业服务的市场规模显著扩大，虽短期规模仍不及地产开发，但中长期可能实现主辅地位转换。航空业的案例则更具说服力：疫情前以客运为主、以货运为辅的格局，在疫情防控期间客运量暴跌的情况下发生逆转。货运从辅业转化为主力业务，充分体现主辅互补模式的动态风险抵御能力。

实施该模式需重点把握三个管控维度：其一，主业与辅业的资源协同机制；其二，辅业内外部业务的比例控制；其三，主辅角色转换的触发条件。集团总部需建立动态评估体系，确保业务组合始终处于最优配置状态。

二、短、中、长期价值均衡模式

短、中、长期价值均衡模式是基于行业生命周期规律的管控体系。任何行业都会经历初创期、成长期、成熟期和衰退期的演进过程，而企业要实现基业长青，就必须建立跨周期的业务组合。假设特定行业的完整发展周期为10年，企业须在主营业务仍处盈利期时，前瞻性布局短期（1~3年）、中期（3~5年）、长期（5~10年）三类业务。这种布局不仅体现在业务组合的梯次配置上，更需要在财务投资、人才储备、资源分配等方面建立对应的支撑体系，通过业务间的战略协同形成持续发展动能。

实施该模式应特别警惕组织惯性带来的决策偏差。当某一业务长期贡献主要利润时，往往在集团内部形成强势话语权，若管理者过度依赖现有成功路径，忽视行业变迁规律，可能导致企业被阶段性优势业务绑架。因此，价值均衡模式要求企业建立动态评估机制，在业务组合中始终保持成熟业务、成长业务、孵化业务的合理配比。具体而言，成熟业务承担当期现金流支撑，成长业务培育中期增长引擎，孵化业务储备未来战略机会，三者通过资源传导机制形成有机整体。这种结构设计使企业在任何市场环境下都能保持业务弹性，即便遭遇行业剧变，也能通过提前布局的业务迭代实现平稳过渡。

从管理实践的角度看，该模式的本质是通过科学规划不同发展阶段的业务组合，对冲单一业务周期波动风险。其成功的关键是，在主营业务衰退曲线显现前已完成次代业务的成长接力，这种战略预见性需要企业在资源配置、组织架构、考核机制等维度建立与长周期发展相匹配的管理体系。唯有将短期业绩压力与长期战略投入有效平衡，才能真正筑牢企业永续经营的根基。

三、价值拼图模式

价值拼图模式通过建立多维价值模型实现业务协同，在非相关多元化集团中尤为典型。华润集团作为横跨地产、零售、啤酒、电力、水泥、微电子、金融等领域的多元化企业，其管控实践极具参考价值。

该集团创立的5C价值管控模型，通过精准识别各业务单元的价值属性实现战略协同：资本密集型业务（如华润置地）聚焦于利润贡献，现金流业务（如华润万家）强化资金周转，重资产业务（如华润电力）发挥融资优势，成长型业务（如华润微电子）培育上市潜力，金融业务（如华润银行）则提供资本运作平台。

在这种价值拼图体系下，各业务单元形成互补性价值组合：零售板块通过稳定现金流支持集团资金链，地产板块借助于集团融资成本优势开发高溢价项目，制造板块的固定资产成为优质抵押物，科技板块则通过资本市场释放估值红利。这一模式尽管在业务间缺乏运营层面的协同效应，但在财务价值维度形成了跨周期风险对冲的战略布局。

这种模式的成功，关键在于集团总部对价值要素的精准识别与动态配置能力，既避免多元化企业常见的资源分散弊端，又充分发挥跨行业组合的抗周期优势。

四、前后一体化模式

前后一体化模式是企业通过业务链条纵向延伸实现价值协同的管控方式，具体包含向客户端拓展的前向一体化与向供应端延伸的后向一体化两种路径。该模式的核心价值在于通过覆盖更多价值链环节提升行业控制力：前向拓展可增强市场话语权与终端响应能力，后向延伸则能保障供应稳定性与成本优势。但在实施过程中，企业须警惕跨行业管理带来的挑战——当延伸业务涉及差异化运营模式与管理文化时，简单复制原有业务的管理体系往往导致战略失效。

从战略实施维度观察，成功案例通常具备三大特征：其一，延伸业务与核心能力之间存在价值传导通道；其二，集团建立差异化管理机制，针对延伸业务的特性设计专属考核指标；其三，资源配置既允许新业务共享集团资源池，又保留其独立发展空间。反之，失败案例多由战略误判所致，包括低估行业进入壁垒、忽视文化冲突、资源配置失衡等关键问题。因此，实施该模式需建立动态评估机制，在深化产业链控制与保持组织弹性间寻求平衡，既要通过纵向整合创造协同价值，又要避免过度一体化造成的资产僵化风险。

这种模式本质上是通过价值链重构提升整体竞争力，要求集团总部兼具战略前瞻性与运营适配能力；既要在顶层设计层面规划业务协同路径，又要在管控执行层面建立柔性管理框架，使延伸业务既能借力集团优势，又可培育独立市场竞争力。唯有实现战略协同与专业运营的有机统一，企业才能真正释放前后一体化的战略价值。

对上述模式进行总结，如表 4-1 所示。

表 4-1　四种价值管控模式及其适用场景、管控和架构形式

价值管控模式	适用场景	管控和架构形式
主辅互补模式	主业足够强大，市场空间巨大，主辅界面清晰	战略管控型/管理运营型总部； 对接主业、战略、投资、干部管理、风控等是核心职能
短、中、长期价值均衡模式	需要持续对长期非财务指标进行投资，并可以获得持续回报	管理运营型总部； 战略、运营、财务、长期价值投资部门是核心职能部门
价值拼图模式	完全非相关多元化集团	战略管控型总部； 战略、投资、干部管理、风控是核心职能
前后一体化模式	商业价值链前后环节不可控因素较多	管理运营型总部； 战略、投资、协同、管理运营是核心职能

通过实施价值管控模式，集团公司总部能够真正发挥其价值，确保下属子公司之间的协同与整合，实现整体价值的最大化。这些模式不仅关注单个子公司的运营，更关注整个集团的价值链和长期发展战略，为企业的可持续发展奠定坚实基础。

7 第七节 生态组织：以资源为核心

一、生态组织的概念与架构

生态组织，是一种基于生态系统理念构建的组织形式，它突破了传统组织的边界限制，强调组织与内外部环境相互依存、相互促进的关系，旨在实现共生共荣的发展目标。

生态组织以生态思维为核心，将组织视为一个有机的生态系统，其中各个成员、部门以及外部合作伙伴都如同生态系统中的不同物种，彼此之间存在着复杂的互动和协作关系。在这个生态系统中，信息、资源和价值如同生态系统中的能量和物质，在各个“物种”之间自由流动和循环。

生态组织的架构呈现出高度的开放性和灵活性。它摒弃了传统的层级式结构，采用更加扁平化、网络化的组织形式，使得信息能够快速传递，决策更加贴近实际情况。组织内部的各个业务单元不再是孤立的个体，而是通过各种合作机制和平台紧密地连接在一起，形成一个有机的整体。同时，企业与外部的供应商、客户、合作伙伴甚至竞争对手等建立广泛的合作关系，共同构建起一个庞大的生态网络。在这个网络中，各方通过资源共享、优势互补实现共同发展。

二、生态组织的优势与相关案例

1. 资源共享与协同发展

以腾讯为例，作为一家典型的生态组织，它构建了一个涵盖社交、娱乐、金融、云计算等多个领域的庞大商业生态系统。在这个生态系统中，微信、QQ 等社交平台为用户提供了便捷的沟通渠道，腾讯视频、腾讯音乐等娱乐平台丰富了用户的精神生活，腾讯金融科技则为用户提供了全方位的金融服务，腾讯云为企业提供了强大的云计算和大数据支持。各个业务板块相互协作，资源共享，形成了强大的协同效应。用户可以通过社交平台获取信息和社交资源，利用娱乐平台享受多样化的内容服务，借助于金融科技平台完成金融交易；同时，企业可以利用腾讯云的技术支持优化业务流程和提升运营效率。这种资源共享和协同发展的模式，使得腾讯生态系统中的各方都能够获得更好的发展机会，实现互利共赢。

2. 创新能力提升

生态组织中多元主体的互动和合作，为创新提供了丰富的土壤。不同的企业、机构和个人带来了不同的思维方式、技术和资源，它们在生态系统中相互碰撞、融合，激发了创新的火花。例如，在苹果的生态系统中，不仅有苹果公司自身的研发团队，还有众多的第三方开发者。这些开发者基于苹果的操作系统和开发平台，开发出了各种各样的应用程序，丰富了苹果产品的功能和用户体验。同时，苹果公司也通过与开发者的合作，不断获取新的创意和技术，推动自身产品的创新和升级。这种开放的创新模式，使得苹果生态系统始终保持着强大的创新活力，引领着全球科技行业的发展潮流。

3. 适应能力增强

生态组织的开放性和灵活性使其能够更好地适应市场环境的变化。当市场出现新的机遇或挑战时，生态组织可以迅速调整自身的结构和业务模式，整合内部和外部资源，做出快速响应。以特斯拉为例，它不仅是一家汽车制造企业，还构建了一个涵盖能源、出行、人工智能等领域的生态系统。在面对全球对新能源汽车需求的快速增长以及智能化出行的发展趋势时，特斯拉能够充分利用其生态系统中的资源，加快技术研发和产品升级，推出一系列具有创新性的电动汽车。同时，特斯拉还通过与能源企业、科技公司等的合作，不断拓展其业务领域，提升自身的市场竞争力。这种强大的适应能力，使得特斯拉在激烈的市场竞争中脱颖而出，成为全球新能源汽车行业的领军企业。

8 第八节 组织升级的策略与建议

一、制定适宜的组织升级战略

1. 深入分析企业现状

企业在进行组织升级之前，需要对自身的现状进行全面、深入的分析。这包括对企业的业务模式、市场定位、组织架构、管理流程、人员素质等方面的评估。通过对现状的分析，企业可以找出存在的问题和不足，明确组织升级的方向和重点。企业可以通过问卷调查、访谈、数据分析等方式收集企业内部和外部的信息，了解员工的需求和意见，掌握市场的动态和竞争态势，为制定组织升级战略提供依据。

2. 明确组织升级目标

企业应根据自身的发展战略和市场需求，明确组织升级的目标。这些目标应该具有明确性、可衡量性、可实现性、相关性和时限性（SMART 原则）。例如，提高组织的运营效率、增强创新能力、提升客户满意度、降低成本等。

将组织升级的目标分解为具体的子目标和关键绩效指标（KPI），以便跟踪和评估组织升级的效果。如果组织升级的目标是提高运营效率，企业就可以设定具体的 KPI，如缩短产品交付周期、提高生产效率、降低库存水平等。

3. 选择合适的组织升级路径

企业应根据自身的现状和升级目标，选择合适的组织升级路径。不同的企业可能适合不同的组织升级路径，如小微组织、超级员工、去边界化、智能组织、生态组织等。企业可以根据自身的特点和需求，选择单一的组织升级路径，也可以综合运用多种路径。一家科技企业如果希望提高创新能力，可以采用小微组织和超级员工的模式，激发员工的创新活力；如果希望提升市场响应速度，可以采用去边界化和智能组织的模式，加强内部和外部的协同合作，实现数据驱动决策。

4. 制定详细的实施计划

在确定了组织升级战略和路径后，企业需要制定详细的实施计划。实施计划应包括具体的行动步骤、时间节点、责任人、资源需求等。企业应将实施计划分解为多个阶段，每个阶段设定明确的目标和任务，确保组织升级工作有条不紊地进行。在实施计划中，企业要充分考虑可能遇到的问题和风险，制定相应的应对措施。如果组织升级涉及大规模的人员调整，企业需要提前做好对员工的沟通和培训工作，以缓解员工的抵触情绪，确保组织升级的顺利进行。

二、推动组织文化与人才发展

1. 培育适应组织升级的文化

组织文化是组织的灵魂，对组织升级起着重要的引领和支撑作用。在组织升级过程中，企业需要培育适应新组织模式的文化，倡导创新、协作、开放、包容的价值观，鼓励员工勇于尝试、敢于创新，打破传统思维和行为模式；营造积极向上的工作氛围，让员工感受到组织的关怀和支持，增强员工的归属感和忠诚度。通过组织文化的建设，企业能够使员工认同组织的升级目标，积极参与组织升级的各项工作。企业可以通过开展企业文化培训、团队建设活动、内部宣传等方式，传播和强化组织文化，让组织文化深入人心。

2. **人才培养**

企业应根据组织升级的需求，制定人才培养计划，为员工提供有针对性的培训和发展机会。企业可以通过内部培训、外部培训、在线学习平台、导师制等方式，提升员工的专业技能、管理能力和综合素质；建立人才梯队，选拔和培养具有潜力的员工，为组织的未来发展储备人才；鼓励员工自我学习和成长，提供学习资源和激励机制，激发员工的学习热情和积极性。

3. **人才引进**

当企业内部人才无法满足组织升级的需求时，企业需要从外部引进优秀人才。企业应制定科学的人才引进策略，明确人才引进的标准和要求，通过多种渠道吸引人才。企业可以通过校园招聘、社会招聘、猎头推荐等方式，招聘具有创新能力、丰富经验和专业技能的人才。在人才引进过程中，企业要注重人才与组织文化的契合度，确保引进的人才能够快速融入组织，发挥其最大价值。

4. **建立有效的激励机制**

为了激发员工的积极性和创造力，推动组织升级的顺利进行，企业需要建立有效的激励机制。比如，将员工的薪酬、晋升、奖励等与组织升级的目标和个人的工作表现紧密挂钩，对在组织升级中表现突出的员工给予表彰和奖励，对未能达到要求的员工给予辅导和帮助。除了物质激励外，企业还可以采用精神激励的方式，如表扬、授予荣誉称号、提供职业发展机会等，满足员工的高层次需求，增强员工的工作动力和成就感。通过建立公平、公正、透明的激励机制，营造良好的竞争氛围，企业可以激发员工的工作热情和创新精神，为组织升级贡献力量。

在快速变化的商业环境中，组织升级已成为企业实现可持续发展的关键。小微组织、超级员工、去边界化、智能组织和生态组织等新型组织模式为企业提供了适应市场变化、提升竞争力的新途径。这些组织模式各有独特的优势和特点，企业应根据自身的战略目标、业务特点和市场环境，选择合适的组织升级路径，将不同的组织模式有机结合，发挥协同效应。

展望未来，随着科技的不断进步和市场环境的持续变化，组织将呈现出更加多元化、智能化和生态化的发展趋势。企业需要不断创新和变革，积极探索适合自身发展的组织模式，以应对未来的挑战和机遇。同时，企业还应注重组织文化的建设和人才的培养，为组织升级提供坚实的保障。只有这样，企业才能在激烈的市场竞争中立于不败之地，实现长期的发展和繁荣。

第五章

机制升级：打造企业持续发展的驱动力

第一节 绩效精益化驱动企业机制升级

一、传统绩效管理的困境剖析

在当今快速发展且充满变数的商业环境中，传统的绩效管理体系正面临着前所未有的挑战。曾经被企业奉为圭臬的绩效管理模式，如今却逐渐显露出诸多弊端，甚至在一些情况下完全失效，这背后的原因值得我们深入探讨。

（一）盲目跟风工具，缺乏深度适配

在过去的绩效管理发展历程中，企业往往热衷于追逐最新的管理工具。KPI（关键绩效指标）流行时，众多企业纷纷引入，试图通过量化的指标来衡量员工的工作表现；随后OKR（目标与关键成果法）兴起，又引发了新一轮的跟风潮，甚至PBC（个人业务承诺）也成为不少企业追逐的对象。然而，很多企业只是单纯地引入这些工具，却没有深入思考这些工具是否真正契合自身的企业文化、业务特点以及组织架构。这就导致在实际应用中，这些工具不仅没有发挥出应有的作用，反而成为企业管理中的一种形式主义。员工为了满足工具的要求而机械地完成任务，却忽视了工作的真正价值和目标。

（二）考核目的偏差，沦为形式主义

绩效管理的初衷本应是通过科学的评估和反馈提升员工的工作绩效，进而推动企业整体目标的实现。但在实际操作中，许多企业却将绩效管理异化

为单纯的考核手段，为了考核而考核，设置了烦琐的考核流程和大量的考核指标，员工花费大量时间和精力填写各种考核表格，应付上级的检查和评估。而这些考核结果往往并没有真正用于员工的发展和企业的决策，绩效管理成了一种形式，无法为企业创造实际的价值，员工也对这种毫无意义的考核感到疲惫和厌倦。

（三）强制分布与末位淘汰的滥用

强制分布和末位淘汰曾经被视为激发员工竞争意识、优化团队结构的有效手段。在这种模式下，企业将员工的绩效划分为不同的等级，并按照一定的比例进行分布，对于处于末位的员工采取淘汰或降职等措施。然而，这种做法在实际应用中却带来诸多问题。一方面，它忽略了员工工作的多样性和复杂性，可能导致一些在工作中做出重要贡献但因某些客观原因绩效排名靠后的员工受到不公正的对待；另一方面，过度强调竞争也会破坏团队的合作氛围，引发员工之间的矛盾和冲突，不利于企业的长期稳定发展。而且，很多企业在实施强制分布和末位淘汰时，并没有充分考虑到企业的实际情况和员工的承受能力，仅仅为了应用而应用，结果往往适得其反。

（四）环境变化导致目标确定困难

当今时代，市场环境瞬息万变，技术创新日新月异，企业面临着前所未有的不确定性。在这样的环境下，传统的绩效管理方式显得力不从心。传统的绩效考核方式通常是基于预先设定的目标和计划，通过定期评估来衡量员工的绩效。然而，由于环境的快速变化，企业很难准确地预测未来的发展趋势，从而难以确定合理的绩效目标。即使设定了目标，目标也可能在短时间内因为市场环境的变化而不再适用。这就导致员工在工作中缺乏明确的方向，绩效考核也失去了客观的依据，无法真实地反映员工的工作绩效。

传统绩效管理的困境带来了企业内耗，产生了不容忽视的制度成本。构建绩效制度的核心目的是基于公司战略要求，对员工的意识和行为产生正确的引导，促使员工朝着实现企业战略目标的方向努力。然而，如果企业只采用一种绩效管理模式，就很难满足不同部门、不同岗位的多样化需求。例如，销售部门更注重业绩指标的完成情况，而研发部门则更需要关注创新能力和项目进度。如果采用统一的绩效管理模式，可能导致对销售部门的考核过于注重短期业绩，而忽视了客户关系的维护和市场的长期开拓；对于研发部门的考核则可能过于强调量化指标，抑制了员工的创新思维和创造力。这种单一的绩效管理模式无法对不同职能部门员工产生正确的意识和行为牵引，不仅降低了员工的工作积极性和效率，还会增加企业的管理成本，影响企业的整体绩效。

除了绩效管理模式单一外，对职能的考核不够精益化也是导致制度成本增加的重要原因。精益化的考核要求企业能够准确地识别每个职能岗位的关键职责和核心价值，制定出与之相匹配的考核指标和评估标准。然而，在实际情况中，很多企业对职能岗位的考核往往过于笼统和宽泛，缺乏针对性。例如，对于行政部门的考核，可能仅仅关注一些表面的工作指标，如文件处理的数量、会议组织的次数等，而忽略了行政部门在企业运营中的支持和协调作用，以及对企业整体效率和成本的影响。这种非精益化的考核方式无法准确地评估员工的工作绩效，也无法为员工提供有效的反馈和指导，从而导致员工的工作质量和效率难以提升，企业的运营成本也随之增加。

传统的绩效管理体系在当今多变的商业环境中已经暴露出了诸多问题，无论是工具的选择和应用，还是考核目的、考核方式以及制度成本，都需要企业进行深刻的反思和变革。企业只有摆脱传统绩效管理的束缚，探索出更加适合企业发展的绩效管理模式，才能激发员工的潜力，提升企业的竞争力，实现企业的可持续发展。

在传统绩效管理体系的短板日益凸显的当下，精益化绩效管理作为一种创新的管理理念与方法体系，为企业突破绩效管理瓶颈提供了全新的思路和解决方案。

二、绩效精益化的本质

绩效精益化的本质在于构建一个基于价值创造的全流程管理体系，帮助组织和个人不断地实现绩效和发展绩效（见图 5-1）。

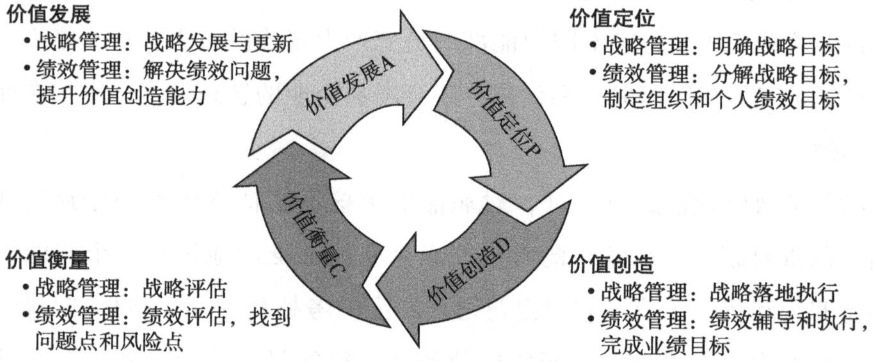

图 5-1 绩效精益化的本质

（一）价值发展

从战略管理的视角来看，企业战略应持续发展与更新，以适应不断变化的市场环境和竞争态势。在绩效管理领域，企业的核心任务是通过科学的管理方法和有效的激励机制，识别并解决绩效问题，从而提升组织和员工的价值创造能力。

（二）价值定位

战略管理的首要任务是明确企业的战略目标和发展方向，这是企业一切经营活动的出发点和落脚点。绩效管理则承担着将战略目标进行逐级分解，转化为具体的组织和个人绩效目标的重要职责。

（三）价值创造

战略管理的最终目的是实现战略落地执行，将战略规划转化为实际的经营成果。在这一过程中，绩效管理发挥着不可或缺的推动作用——通过持续的绩效辅导和有效的执行监督，帮助员工明确工作重点和方向，解决工作中遇到的困难和问题，确保员工能够顺利完成业绩目标。

（四）价值衡量

在战略管理过程中，战略评估是判断战略实施效果和方向正确性的关键环节，通过对战略目标达成情况、战略举措执行效果等方面的评估，为战略调整提供依据。在绩效管理方面，绩效评估同样是核心环节，通过科学的绩效评估工具和方法，如平衡计分卡、关键绩效指标法等，全面、客观地评估员工的工作绩效，精准识别问题点和潜在风险点。

三、绩效精益化的内涵

绩效精益化设计作为当前绩效管理领域最为先进的设计模式，其核心在于紧密围绕企业战略和业务需求，充分考虑不同组织、部门和岗位的特点与差异，进行个性化、定制化的绩效体系设计。

绩效精益化设计旨在解决传统绩效管理中存在的战略支撑不足、业务匹配度低以及管理粗放等问题，高度关注管理的精细化和效益最大化。以某汽车制造企业为例：对于生产部门，绩效设计重点关注生产效率、产品质量、生产成本控制等关键指标，通过引入精益生产理念和方法，如看板管理、5S管理等，优化生产流程，提高生产效率和产品质量，降低生产成本；对于市场营销部门，则侧重市场份额增长、品牌知名度提升、客户忠诚度培养等指标，通过市场调研、品牌推广、客户关系管理等活动，提升企业的市场竞争力和品牌影响力。绩效精益化确保各部门的绩效指标紧密围绕企业战略和业务需求，实现战略目标与业务执行的有效衔接。

价值导向的激励评价机制以及 HRBP/HR 产品经理制是实现分类精益化设计的重要工具和手段。价值导向的激励评价机制以员工对企业价值创造的贡献为核心评价标准，通过建立科学合理的激励体系，如绩效奖金、股权激励、晋升机会等，激发员工的工作积极性和创造力，引导员工将个人目标与企业目标紧密结合。HRBP/HR 产品经理制则强调人力资源管理与业务部门的深度融合，HRBP/HR 产品经理深入了解业务部门的工作特点、业务流程和人才需求，为业务部门提供个性化的人力资源解决方案；在绩效指标设计方面，根据不同部门的业务特点和岗位需求，制定差异化的绩效指标和评价标准，确保绩效评估的科学性和公正性；同时，在人才培养、招聘配置、员工发展等方面，为业务部门提供全方位的支持和服务，提升人力资源管理的效能和业务部门的满意度。

绩效精益化设计依赖对企业战略、商业本质和人性诉求的深刻理解和精准把握，通过定制化的解决方案满足不同组织和人群的个性化需求。在设计绩效指标时，该方法充分考虑不同岗位员工的工作性质、工作内容、职业发展需求以及工作环境等因素，既关注工作成果的量化考核，又注重员工工作过程中的能力提升和职业发展。例如，对于技术研发岗位，企业除了考核技术创新成果、项目完成质量等指标外，还应关注研发人员的技术学习能力、团队协作能力以及创新思维的培养；对于客户服务岗位，企业除了考核客户满意度、投诉处理效率等指标外，还应注重员工的沟通技巧、问题解决能力以及客户关系维护能力的提升。分类精益化设计使绩效指标更具合理性、科学性和激励性，充分调动员工的工作积极性和主动性。

绩效精益化设计通过实现对企业战略和业务的精准支撑，以及个性化、定制化的绩效管理体系，使绩效管理的导向更加清晰。企业能够根据自身的战略规划和业务特点，为不同的组织和人群量身打造绩效体系，提高绩效管理的精准度和有效性。通过精细化的绩效管理，企业能够激发员工的潜能，提升员工的工作效率和绩效水平，促进企业整体绩效的提升，增强企业的市场竞争力和可持续发展能力。

四、精益绩效设计的影响因素

（一）影响精益绩效设计的重要因素

1. 决定绩效设计的根本因素：公司战略

公司战略作为绩效管理的底层逻辑和根本依据，如同指南针一般，为绩效管理指引着前行的方向。在实际运用中，企业通常借助于 SWOT 分析法，全面且深入地审视自身所处的内外部环境。企业通过对外部环境的动态监测，包括对市场趋势的敏锐洞察、对竞争对手策略的细致剖析以及对政策法规变化的及时掌握，精准识别潜藏的发展机会与可能面临的威胁；同时，对企业内部的人力、物力、财力资源，以及技术研发、生产运营、市场营销等核心能力进行全面且客观的评估，明确自身的优势与劣势。

若企业处于新兴市场领域，并且凭借自身领先的技术优势，在竞争中崭露头角，那么在绩效管理的设计与实施过程中，就需要着重围绕创新与市场拓展这两大关键维度来展开。例如，设立新产品研发进度指标，以严格把控新产品从概念构思到推向市场的各个阶段的时间节点，确保企业能够快速响应市场需求；设定新市场份额增长指标，激励团队积极开拓新的市场领域，不断扩大企业的市场版图。反之，倘若企业面临激烈的市场竞争，且内部管理流程烦琐，导致运营效率低下，那么绩效管理的重点就应当聚焦于优化管理流程与提升运营效率。比如，设立流程优化完成率指标，推动企业对现有业务流程进行全面梳理与优化，消除流程中的冗余环节和不必要的审批流程；设立运营成本降低率指标，促使各部门积极采取成本控制措施，降低企业的运营成本，提高企业的盈利能力。

2. 决定绩效设计的重要因素：企业发展阶段

（1）初创期

初创期即企业在初创阶段，规模相对较小，生存成为首要任务。此时，团队成员之间的紧密合作显得尤为关键，老板常常身兼数职，亲自担任产品经理角色，带领团队冲锋陷阵。在绩效管理方面，企业应高度聚焦于共同目标的达成，注重对团队整体成果的考量。例如，将产品研发进度作为关键考核指标，确保产品能够按时开发并推向市场；关注市场初步反馈，通过收集客户的意见和建议，及时对产品进行优化和改进。在考核方式上，企业应采用简单易操作的方式，如对目标达成情况的定性评估，以激励全员齐心协力，为实现共同目标而努力奋进。

（2）成长期

随着企业规模的不断扩大，业务范围逐渐拓宽，专业化分工和职能型架构的重要性日益凸显。企业需要将过往在实践中积累的成功经验转化为标准化的工作流程，引入具备专业管理经验的职业经理人，以提升企业的管理水平和运营效率。在绩效管理方面，企业应侧重流程执行与业务拓展。例如，对各职能部门设定标准化工作完成率指标，确保各项工作按照既定的流程和标准高效执行；设定业务增长率指标，激励各部门积极开拓市场，推动企业业务的快速增长，从而实现企业的规范化发展。

（3）成熟期

当企业步入成熟期，组织规模进一步扩大，可能出现组织裂变的现象，专业人才也需要向具备多领域知识和技能的 T 型人才转型发展。此时，领导力的作用愈发关键，完善授权和管控体系成为企业管理的重要任务。在绩效管理方面，企业应重点关注领导力提升与组织协同等方面。例如，设立团队领导力评分指标，通过上级评价、下属评价和同事互评等多维度的评价方式，全面评估团队领导者的领导能力和管理水平；设立跨部门项目协作效果指标，考核跨部门项目的完成进度、质量以及团队之间的协作默契程度，保障组织高效运转，实现资源的优化配置。

（4）转型期

若企业所处的行业受到政策调整、技术变革等因素的限制，面临发展瓶颈，那么企业就急需创新与业务转型。在绩效管理方面，企业要积极鼓励创新思维与新业务探索。例如，设立创新项目成功率指标，对企业开展的各类创新项目进行跟踪评估，激励团队勇于尝试新的技术、产品和商业模式；设立新业务营收占比指标，衡量企业在新业务领域的发展成果，引导企业加大对新业务的投入和资源配置，助力企业突破困境，开拓新的发展空间。

（二）影响精益绩效设计的其他因素

1. 企业文化

企业文化作为企业的灵魂，深深扎根于企业的日常运营和员工的行为准则之中。绩效考核方式若与企业文化相悖，将会对企业文化造成严重的冲击。例如，对于强调团队合作的企业文化而言，若绩效考核过度侧重个人业绩，将导致员工之间过度竞争，忽视团队协作的重要性，进而破坏团队协作氛围，降低团队的整体战斗力。

2. CEO 观点

CEO 作为企业的最高领导者，其对绩效管理的认知深度和重视程度直接影响着绩效管理的推行效果。绩效经理肩负着引导 CEO 正确认识绩效管理的重要职责，要让 CEO 深刻明白绩效管理并不仅仅是一种考核工具，更是提升组织效能、促进员工发展的重要手段。只有获得高层的坚定支持，绩效管理改革与优化才能顺利推进，各项措施才能得以有效实施。

3. 管理基础

若企业的管理基础较为薄弱，在绩效管理过程中过度追求量化考核或绝对公平性，往往会适得其反。此时，企业应在绩效管理的过程中逐步完善管理基础。例如，首先建立基本的工作记录与反馈机制，让员工能够清晰地记录自己的工作内容和成果，管理者也能够及时了解员工的工作进展和存在的问题；随着管理水平的不断提升，再逐步引入更精细的量化考核指标，确保绩效管理的科学性和有效性。

4. 员工能力

当员工能力参差不齐时，对于能力偏弱的员工，绩效辅导应成为绩效管理的重点。企业可以通过定期组织培训课程，邀请行业专家进行授课，提升员工的专业知识和技能水平；开展“一对一”指导，管理者根据员工的实际情况，为其提供个性化的指导和建议，帮助员工解决工作中遇到的问题，提升工作能力，进而提升绩效，避免单纯以考核结果论成败，挫伤员工的积极性。

5. 职能序列

不同职能序列的工作性质存在较大差异，其考核方式也应有所不同。销售部门的工作重点在于拓展市场、实现销售业绩，因此应重点考核销售额、客户开发量等指标；研发部门的核心任务是创新与保证产品质量，所以应考核技术突破、产品研发周期等指标。企业应确保考核能够精准反映各职能工作的价值，激励员工在各自的岗位上发挥最大的效能。

6. 绩效经验

若企业缺乏成熟的绩效经验，切不可盲目照搬其他企业的成功模式，而应投入时间和精力进行学习与实践，深入研究行业内的优秀案例，结合自身的实际情况，包括企业的发展战略、组织架构、人员特点等，逐步摸索出适合自身的绩效管理模式，实现绩效管理的本土化和个性化。

五、精益绩效设计框架

（一）精益组织绩效设计

在现代企业管理中，组织绩效占据着举足轻重的地位。它不仅是企业战略目标实现的关键，更是组织能力建设和持续发展的重要保障。与岗位绩效相比，组织绩效展现出更为复杂、周期更长以及与战略连接更紧密的特点。

首先，组织绩效的复杂性体现在其涉及多个部门和层面的协同工作。一个完整的组织绩效体系通常包含战略、商业计划和预算、绩效监控以及运营管理等部分，这些环节相互交织，共同构成了一个庞大的管理体系，需要企业上下一心，共同努力才能实现最佳绩效。

其次，组织绩效的周期较长，通常以年度为单位进行规划和评估。这与战略的长期性和稳定性相契合，确保企业能够在较长时间内保持战略方向的一致性。同时，这也要求企业在制定组织绩效目标时，必须充分考虑市场环境和内部资源的变化，确保目标的合理性和可行性。

更为重要的是，组织绩效与战略的连接极为紧密。它是企业战略目标落地的最直接工具，直接影响着战略目标的实现程度。

精益组织绩效设计需要充分考虑组织的不同特点和发展阶段。对于投入/孵化型的企业来说，这类企业通常处于初创或转型期，市场表现波动较大，需要不断调整战略以应对市场变化。因此，精益绩效设计应采用持续改善策略，强调关键结果指标与能力评估相结合，不过分强调指标量化，通过360度评价促进员工全面发展。

对于高速增长型企业，因为其具有明确的战略方向，处于快速发展阶段，精益绩效设计应采用战略分解策略，将集团要求、市场关键任务与战略分解相结合，通过 BSC（平衡计分卡）+KPI（关键绩效指标）+能力评估的方式，实现定量与定性的双重考核，主要由直接上级评估，辅以间接上级意见。

稳定发展型企业则拥有成熟稳定的商业模式和稳定的销售收入。精益绩效设计应采用公平激励策略，以量化、细化的 KPI 为主，通过量化的数据支撑评估结果，辅以上级评估，确保考核的公正性和准确性。

而对于转型/退出型企业，它们面临战略转型或市场退出，原有竞争优势逐渐减弱。精益绩效设计应采用变革推动策略，重点关注未来变革目标分解，结合阶段性目标与能力评估，由直接上级评估，关键岗位由变革评估委员会共同评估，确保变革的顺利进行。

精益组织绩效设计的实施效果因企业类型而异。在投入/孵化型企业中，通过持续改善策略，企业能够迅速适应市场变化，提升员工综合素质；在高速增长型企业中，战略分解策略有助于企业明确发展方向，实现快速增长；在稳定发展型企业中，公平激励策略能够激发员工积极性，保持企业稳定发展；在转型/退出型企业中，变革推动策略则能够引导企业顺利渡过转型期或退出市场。根据不同组织类型进行精益组织绩效设计是提升企业竞争力的重要途径。

（二）精益部门绩效设计

1. 前台部门精益绩效设计

前台部门是企业直接面向市场和客户的窗口，其绩效表现直接关系到企业的市场占有率和客户满意度。

在构建前台部门精益绩效体系的过程中，企业应充分考虑不同销售模式和客户类型的差异性。例如，直销模式强调直接面对客户、快速促成交易，因此考核指标应侧重结果性指标，如营收、利润、回款和市占率等；而分销模式则通过代理商实现销售，更注重分销渠道的开发、管理和运营，因此考核指标中过程性指标占比较大。再比如，本地销售类似于直销模式，考核指标应注重结果性指标；而国际贸易型销售的考核指标则更注重通关、报关等流程性指标。大客户销售由于注重长期合作和客户关系维护，考核指标中除了结果性指标外，还包括客户满意度、客户黏性、复购率等过程性指标；而小客户销售更注重快速成交和回款，考核指标侧重销售周期和回款速度。

面对不同的市场阶段，企业的考核方法也应有所调整。在成熟市场中，由于业务交易过程公开透明，企业应强调销售人员对客户需求的把握、对产品服务的理解和交付方案的定制化程度；而在非成熟市场中，由于市场孵化阶段较长，企业应更注重销售过程管理指标，如销售人员的市场调研、客户拜访等工作的完成情况。

总的来说，对于前台精益绩效的设计，企业应根据销售模式特点、客户特点和市场所处的发展阶段特点，制定差异化的绩效考核体系。

图 5-2 为销售价值链示意图，有助于企业进行相关的绩效设计。

2. 中台部门精益绩效设计

在现代企业管理中，中台部门的重要性不言而喻，它们连接着前台与后

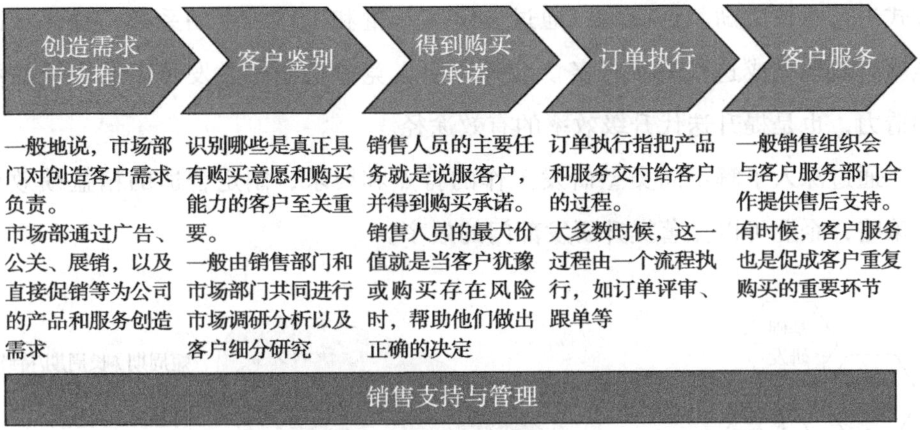

图 5-2　销售价值链

台，是企业运营的核心枢纽。这里以研发部门为例，解读中台部门的精益绩效设计。

研发部门的工作类型多样（见图 5-3）。基础性开发即从 0 到 1 的原创性研发，充满了不确定性，但正是这种不确定性孕育了颠覆性的创新。产品型开发则是基于成熟的底层技术，进行产品化应用或定制化开发，它要求研发过程有明确的目标和计划，以确保项目的顺利进行。迭代升级的开发，则是对现有产品进行持续的小微调整，以不断提升产品的性能和用户体验。

针对不同类型的研发工作，精益绩效设计显得尤为重要。对于基础性开发，由于其高度的不确定性，传统的里程碑式考核方式可能并不适用。此时，企业可以构建内部孵化机制，营造创新的组织氛围，鼓励员工发挥原创性思考，同时，借鉴科研院所的投资立项方式，为这类研发提供持续的资金和资源支持。

对于产品型开发，项目管理的方式则更为合适。企业可以通过设定明确的里程碑和考核指标，确保项目在预定的时间范围内、在可控的成本范围内达到理想的结果；同时，根据不同阶段的工作量和难度，设计合理的奖金分配方案，以激发员工的积极性和创造力。

迭代升级的开发，由于其更注重效率和效果，企业可以采用工作订单的方式进行考核激励。企业可以通过设定工作量和工作难度的系数，确保员工能够高效地完成迭代升级任务。此外，引入竞争机制，激发员工的积极性和创造力，也是提升迭代升级效率的有效途径。

通过深入了解不同类型研发工作的特点和要求，制定合适的精益绩效设计策略，企业可以显著提升研发部门的效率。

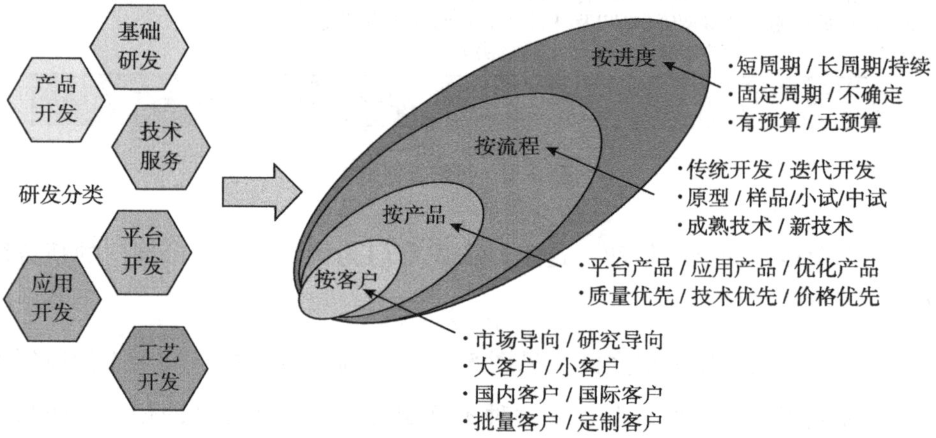

图 5-3 研发工作细分

3. 后台部门精益绩效设计

在企业管理中，后台部门作为企业的支撑体系，负责提供基础服务、管控风险以及统筹规划资源，为前台和中台部门的运营提供有力保障。然而，后台部门的绩效管理往往因其价值导向的多元性和工作任务的复杂性而面临挑战。

针对后台部门的特点，精益绩效设计显得尤为重要。首先，应从价值的视角对后台部门进行分类管理。根据部门的价值贡献方式，可以将后台部门分为专业业务类、综合服务类和监督保障类等不同类型。每种类型的部门在价值创造上都有其独特性，因此应制定差异化的考核方式。例如，对于专业业务类的 IT 部门，应重点考核其技术能力和服务质量；而对于监督保障类的审计部门，则应更加关注其风险管理和合规性。

其次，可以采用权重组合的方式对后台部门进行考核和激励。以人力资源部为例，其工作涉及资源管理、创新力、服务支持和风险管控等多个方面(见图 5-4)，为了全面评估其绩效，企业可以将这些方面的指标按照一定比例进行权重分配。例如，资源管理占 30%的权重，创新力占 20%的权重，服务支持占 40%的权重，风险管控占 10%的权重。通过这样的权重分配，企业可以确保对人力资源部的考核更加全面和客观。

实施精益绩效设计后，企业将能够更加精准地评估后台部门的绩效表现，从而制定更加有效的管理策略。同时，精益绩效设计也有助于提升后台部门的工作效率，改善其工作效果，促进企业的持续发展。例如，通过分类管理和权重组合的方式，企业可以确保后台部门在考核中更加注重其核心价值贡献，避免被非核心指标所干扰。

	资源管理	创新力	服务支持	风险管控
激励 / 约束建议	约束为主，建议采用绩效考核的方式	激励/约束均可，结合阶段性创新需求，设置绩效考核、OKR，奖金	约束为主，建议采用绩效考核的方式	约束为主，建议采用绩效考核
激励 / 考核周期	短，与绩效考核周期保持一致	中期，如季度/半年度/年度	短，与绩效考核周期保持一致	短，与绩效考核周期保持一致
建议工具 / 指标	关键岗位人才储备，人力投入产出比，人工成本执行偏差率等	制度/体系建设，体系运行规范度	招聘及时性、招聘质量、培训满意度等	人员流失率、重大事故 / 投诉 / 风险事件扣分项
指标目标值	历史数据对比和与外部对标的方式相结合	可根据实施效果评估，与预期目标对比	可采用持续改善策略，与上一周期数据对比	可采用持续改善策略，与上一周期数据对比

图 5-4　人力资源部门精益绩效设计示例

（三）精益岗位绩效设计

在构建精益岗位绩效体系的过程中，岗位聚类分析是一种较为有效的工具。岗位属性的输入性分析是实现岗位聚类分析的第一步。每家公司都拥有众多岗位，这些岗位在属性上存在着明显的差异。这些差异不仅体现在岗位的工作内容、职责和要求上，更深刻地影响着岗位创造价值的方式和绩效目标的实现。

在输入性分析中，企业需要关注以下基本要素。

1. 岗位层级

高层岗位、中层岗位和基层岗位在绩效目标上存在着显著的差异。高层岗位更关注长期和综合的绩效目标，而基层岗位则更侧重短期和执行类的目标。

2. 创造价值

不同岗位在创造价值的方式上也有所不同。有些岗位强调创新，需要员工发挥潜能和创造力；而有些岗位则更注重执行，要求员工按照标准的操作流程工作。

3. 工作方式

岗位的工作方式也影响着绩效目标的实现。有些岗位可以独立完成工作；有些岗位则需要与上下游岗位紧密配合，形成团队来完成任务。

4. 人才特征

不同岗位对人才的要求也不同。有些岗位需要员工具备高度的专业性，而有些岗位则更看重员工的综合能力和团队协作精神。

5. 价值链位置

岗位在价值链中的位置也影响着其绩效目标的实现。前台岗位、中台岗位和后台岗位在目标设定和考核方式上都有所不同。

6. 岗位成熟度

岗位的成熟度也是影响绩效设计的重要因素。成熟岗位的目标设定和考核方式相对明确和量化，而不成熟岗位则需要采用更加灵活和迭代式的管理方式。

基于岗位属性的输入性分析，企业可以利用聚类分析方法对岗位进行聚类。聚类的目的是将具有相似属性和绩效目标的岗位归为一类，以便更好地制定有针对性的绩效管理体系。

在聚类过程中，企业需要选择合适的聚类算法，并根据岗位属性的特点对算法进行参数调整。通过聚类分析，我们可以得到不同类别的岗位群体，每个群体都具有相似的属性和绩效目标。

针对不同类别的岗位群体，我们需要制定不同的绩效管理体系。对于创新属性高的岗位群体，企业需要注重激发员工的创新动力和潜能；对于执行属性高的岗位群体，企业则需要强调标准执行的重要性。同时，企业还需要根据岗位的工作方式、人才要求和价值链位置等因素来制定具体的绩效指标和考核方式。

表 5-1 总结了岗位的基本要素及其对绩效管理和目标实现的影响。

表 5-1　岗位的基本要素及其对绩效管理和目标实现的影响

岗位的基本要素		对绩效管理和目标实现的影响
岗位层级	基层	目标少而聚焦，强调短期效果
	高层	目标多，兼顾短、中、长期目标
创造价值	执行	目标精准
	创新	目标需要动态管理
工作方式	个人	目标边界清晰
	团队	目标需要强调相互之间的协同配合
人才特征	综合	目标强调系统性、全面性
	专业	目标强调做到更深、更强、更好
价值链位置	后台	目标相对综合，根据价值选择目标
	前台	目标简单直接，以量化为主
岗位成熟度	不成熟	循序渐进地设定目标，强调体系建设
	成熟	以终为始，将最终目标作为考核目标

（四）绩效结果的精益化应用

在精益绩效体系中，企业对于绩效结果也需要进行精益化的应用。传统的加权求和法虽然简便易行，但往往难以满足不同维度考核结果的个性化需求。相比之下，精益化的绩效结果应用方法更能适应复杂多变的企业环境，实现更精准、更灵活的激励效果。

加权求和法作为传统的绩效结果应用方式，通过将不同考核维度的得分进行加权求和，得出总分进行应用。这种方法操作简单，能够综合考虑各个维度的贡献，便于总分比较。然而，它也存在一定的局限性，比如无法充分反映不同维度结果的差异性，容易导致“一刀切”的激励方式，难以满足不同员工的个性化需求。

为了应对这些局限性，企业需要探索更为精益化的绩效结果应用方法。差异化应用法就是一种有效的尝试。这种方法强调不同考核维度的结果单独应用，相互不影响。例如，KPI 可以用于奖金分配，而能力评估则更多地用于员工发展计划。这样既能确保每个维度的结果都能得到充分的重视和应用，又能避免因为某一维度表现不佳而全盘否定员工的整体表现。

九宫格法则是另一种值得关注的精益化方法，它将不同的考核结果分等级后，使用九宫格进行分类应用。这种方法能够直观地将员工分为不同的类别，便于企业制定更具针对性的激励策略。例如，对于表现优秀的员工，企业可以给予更多的晋升机会和奖励；而对于表现一般的员工，则可以提供更多的培训和发展机会。

门槛值法也是精益化绩效结果应用的一种重要方式。它设置一类或几类考核结果作为应用的门槛值，在门槛值基础上再对其他维度的结果进行应用。这种方法能够确保企业在员工达到基本标准的基础上，再根据其他维度的表现对其进行激励。例如，底线红线指标可以作为一票否决项，而 KPI 结果则可以作为晋升选拔的门槛值。

通过对比分析可以发现，精益化的绩效结果应用方法相比传统的加权求和法具有更多的优势。它们能够更好地适应不同维度考核结果的差异性，实现更精准、更灵活的激励效果。同时，这些方法也能够更好地满足员工的个性化需求，激发员工的积极性和创造力。

精益绩效设计框架可总结为图 5-5 所示内容。

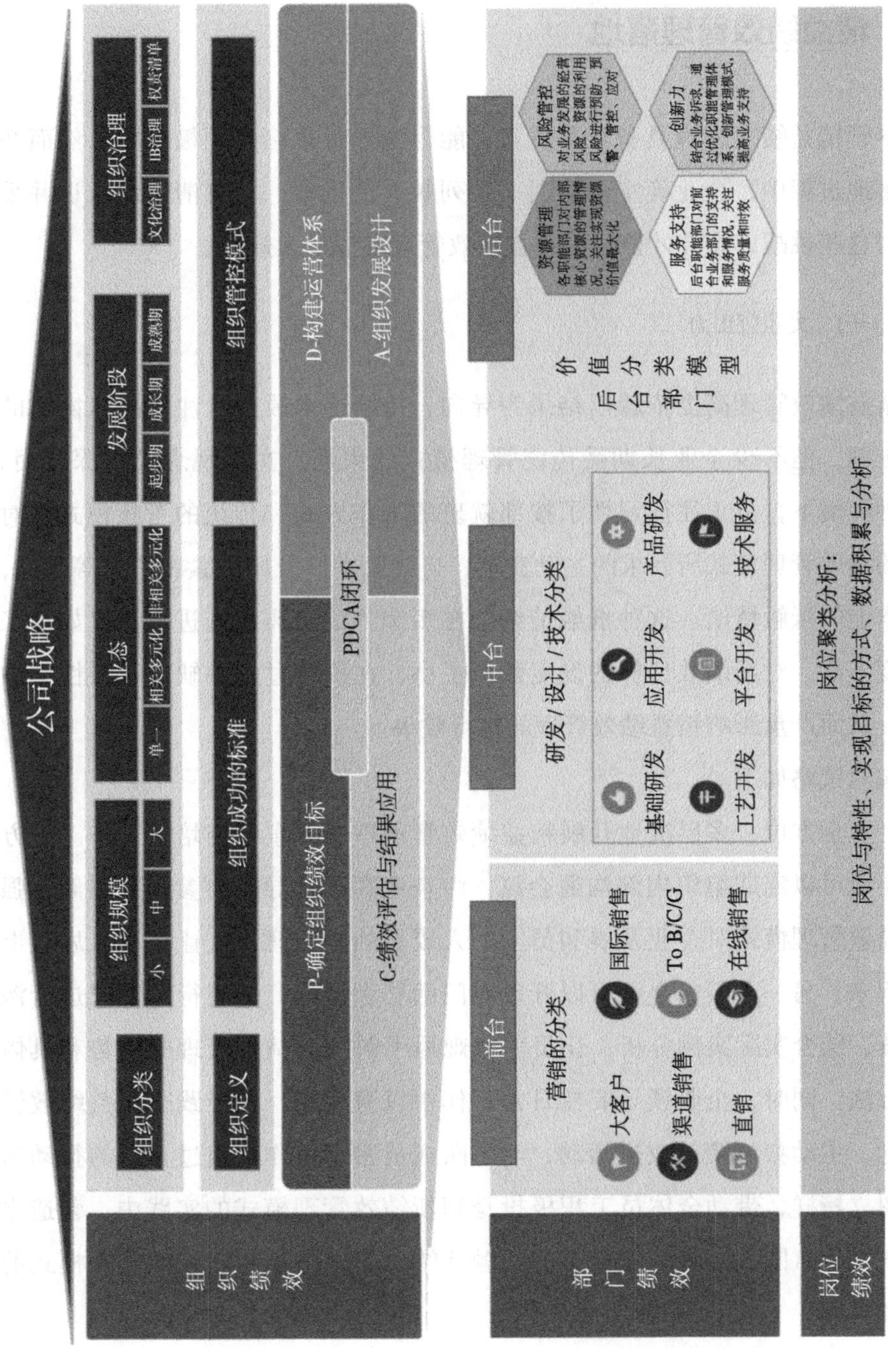

图 5–5 精益绩效设计框架

六、精益绩效管理落地

尽管精益绩效管理具备显著优势，能为企业带来诸多积极影响，然而在实际落地过程中，企业确实会遭遇一系列棘手的挑战。只有清晰地认识并妥善应对这些挑战，企业才能确保精益绩效管理发挥最大效能。

（一）文化阻力

精益绩效管理高度依赖以结果为导向、持续追求改进且注重团队协作的文化土壤。但不少企业长期受传统管理模式的束缚，文化观念已根深蒂固。在这种环境下，员工往往习惯了按部就班的工作方式和传统的考核模式，对于新的绩效管理模式所要求的主动变革、自我驱动以及团队紧密协作等理念，存在本能的抵触情绪。这种抵触情绪会在多个方面阻碍实施进程，比如员工参与度不高，对新绩效目标的设定敷衍了事，在执行过程中缺乏积极性和主动性，从而严重影响精益绩效管理的推行效果。

应对策略如下。

企业全方位、多层次地开展精益绩效管理理念的宣传与培训工作。一方面，企业可以定期组织内部沟通会议，由企业高层领导亲自参与并讲解，强调新绩效管理模式对企业发展和员工个人成长的重要意义，让员工从思想上重视起来；另一方面，企业可以开设专门的培训课程，邀请行业专家进行深入解读，结合实际案例分析，让员工直观地了解精益绩效管理的优势和具体操作方法。同时，企业领导要在日常工作中以身作则，积极践行精益绩效管理理念，主动参与绩效改进活动，与团队成员密切协作，通过自身的行动为员工树立榜样，带动全体员工积极投身到新绩效管理模式的实践中，营造出良好的文化氛围，逐步消除员工的抵触情绪，促进员工对新绩效管理模式的接受和认同。

（二）指标设计难度大

精益绩效管理强调根据不同组织、部门和岗位的特点设计差异化的绩效指标，这对企业提出了极高的要求。企业不仅要深入剖析业务流程的每一个环节，精准把握各岗位职责的核心要点，还需要具备扎实的专业技能和丰富的实践经验。在实际操作中，由于业务的复杂性和多变性，以及对岗位理解的偏差，许多企业常常会陷入指标设计不合理的困境。例如，指标过于笼统，无法准确衡量工作成果，或者指标权重分配缺乏科学依据，导致重点工作得不到应有的重视。这些问题都会严重影响绩效管理的效果，使绩效评估无法真实反映员工的工作表现和贡献。

应对策略如下。

组建专业的指标设计团队是关键，团队成员应包括熟悉业务流程的各部门骨干、人力资源专家以及具备数据分析能力的专业人员。若内部资源有限，企业也可聘请外部资深的咨询专家，借助于其丰富的经验和专业知识，对业务流程和岗位进行全面、深入的调研分析。在指标设计过程中，设计人员应严格遵循 SMART 原则，确保每一个指标都明确具体，能够通过客观数据或可观察的行为进行衡量，在员工的能力范围内具有可实现性，与岗位工作和企业战略目标紧密相关，并且有明确的时间限制。此外，企业应广泛收集行业内的最佳实践案例，研究同行业优秀企业的指标设计思路和方法，结合自身的实际情况进行灵活运用和优化，从而提高指标设计的质量和效率，使绩效指标能够精准地反映各岗位的工作价值和贡献。

（三）数据收集与分析困难

精益绩效管理的有效实施离不开大量准确、完整的数据支持，这些数据涵盖业务数据、财务数据、员工行为数据等多个方面。然而，现实中部分企业在数据收集和分析环节存在明显短板。一方面，数据收集渠道不完善，导致数据缺失或不完整，无法全面反映企业运营和员工工作的实际情况；另一方面，数据的准确性难以保证，可能存在人为录入错误或数据更新不及时等问题。此外，缺乏先进有效的数据分析工具和方法，使得企业即使收集到了数据，也难以从海量的数据中提取有价值的信息，无法对绩效进行准确评估和有效管理，进而影响绩效管理决策的科学性和有效性。

应对策略如下。

加大信息化建设投入是首要任务，企业应建立一套完善的数据收集和管理系统，整合各个业务部门的数据来源，确保数据能够及时、准确地汇总到统一平台。同时，企业应引入先进的数据分析工具，如大数据分析软件、人工智能算法等，利用这些工具强大的数据处理和分析能力，快速挖掘数据背后的规律和趋势，为绩效评估提供有力的数据支持。此外，企业应注重培养内部专业的数据分析人才，通过组织内部培训、选派员工学习外部专业课程等方式，提升员工的数据分析能力，使其能够熟练运用数据分析工具，从数据中发现问题、分析原因，并提出有针对性的改进建议，为精益绩效管理提供坚实的数据保障。

（四）实施过程复杂

精益绩效管理的实施是一个系统工程，涉及从目标设定、绩效辅导、评估反馈到结果应用等多个环节，并且需要多个部门紧密配合。在实际操作过程中，由于各部门的工作重点和目标存在差异，沟通渠道不畅，往往会出现信息传递不及时、不准确，部门之间协调困难等问题。例如，在绩效目标设定阶段，业务部门与职能部门对目标的理解和侧重点不同，难以达成一致；在绩效评估过程中，由于缺乏有效的沟通机制，各部门对评估标准的把握不一致，导致评估结果存在偏差。这些问题都会严重影响实施进度和效果，使精益绩效管理无法顺利推进。

应对策略如下。

制定明确、详细的绩效管理流程和规范是基础，企业应明确界定各部门在绩效管理过程中的职责和任务，使每个部门都清楚自己在各个环节中需要做什么、怎么做。同时，企业应建立常态化的沟通机制，定期召开跨部门沟通会议，及时交流绩效管理过程中的问题和经验，促进部门之间的信息共享和协同合作。为了更好地协调各方工作，企业可以设立专门的绩效管理团队或协调小组，负责绩效管理的整体组织、协调和监督工作。该团队要具备较强的沟通协调能力和问题解决能力，能够及时发现并解决实施过程中出现的各种问题，确保绩效管理工作按照预定计划有序推进，实现预期目标。

精益绩效管理作为一种先进的管理理念和方法，为企业打破传统绩效管理的局限提供了全新的思路和有力的工具。为了践行这一管理方法，企业通过明确战略目标，将企业的发展方向清晰地传达给每一位员工，使员工的工作与企业战略紧密结合；进行科学合理的组织与岗位分类，根据不同组织和岗位的特点设计差异化的绩效指标，确保绩效评估的精准性和有效性；实施精细化的绩效管理过程，从绩效计划制定、辅导监控到评价反馈和结果应用，每个环节都注重细节和员工的参与，充分发挥绩效管理的激励作用；持续改进与优化，不断根据企业内外部环境的变化调整绩效管理体系，使企业能够实现组织与个人绩效的持续提升，有力地推动企业战略的落地实施和高质量发展。

2 第二节 “道术为”模型：解码企业定制化管理

在快速变化的商业环境中，企业面临着前所未有的挑战与机遇。在市场竞争空前激烈的当下，许多企业在管理实践中陷入一种矛盾：一方面，市场上流行的管理工具层出不穷，从 OKR 到阿米巴模式，从敏捷组织到数字化转型，似乎每个概念都在宣称能解决企业的核心问题；另一方面，不少企业发现，即便照搬了所谓的“成功模型”，战略落地效果却始终如同隔着一层无形的屏障——资源投入方向与战略目标脱节，团队执行动作变形，文化价值观逐渐被稀释。

这种矛盾的根源往往在于，企业将“管理机制”视为一套可以批量复制的技术模块，却忽视了管理本质上是战略的具象化表达。就像同一把手术刀无法治愈所有疾病，脱离企业独特的战略定位、发展阶段与文化土壤，再精密的管理模型也容易沦为空中楼阁。真正的管理升级，需要从战略基因中生长出适配的规则、流程与组织惯性。美太咨询提出的“道术为”思维框架，正是为满足这种定制化需求而生。

一、“道术为”逻辑概览

（一）道：探寻本质，明确方向

“道”在美太咨询的定制化逻辑中，代表着对问题本质的深入理解和分析，它涵盖了解决问题的目的、规律、原则及影响因素。通过这一层面的探索，企业能够明确自身的长期目标和短期策略。因此，“道”是定制化咨询的第一步，为后续行动奠定坚实基础。

（二）术：选择路径，精准施策

“术”则聚焦于解决问题的具体方法和路径。在美太咨询的逻辑中，“术”的选择必须基于“道”的指引。这意味着企业应根据自身特点、行业趋势及市场环境，选择最适宜的管理工具和方法。通过“术”的实践，企业能够将“道”的理念转化为具体的行动方案，推动企业的持续发展。

（三）为：落地执行，实现价值

仅有“道”和“术”并不足以确保策略的成功。在“道术为”逻辑中，

"为"扮演着至关重要的角色。"为"是定制化逻辑的最终归宿，强调制度的落地执行。对于企业管理而言，任何策略和方法若不能有效落地，都将失去实际意义。企业应通过制定详细的落地计划、跟踪进度、提供辅导等方式，确保定制化方案能够在企业中生根发芽，真正实现管理价值。

美太咨询的"道术为"逻辑将上述三个层面紧密融合，形成了一套完整的定制化咨询体系。通过深入理解企业的独特性，结合市场、行业及企业内部的实际状况，管理者可以利用该逻辑为企业量身定制管理策略，推动企业的持续发展。

二、定制化案例分享

本段内容将通过展示不同行业企业的真实选择，剖析如何通过量体裁衣的管理机制设计，让战略真正扎根于组织的土壤之中。

[案例一] 从通用模型到精准适配：饲养员岗位评估的定制设计

美太咨询在服务某文旅集团下属动物园时，曾面临传统管理工具与行业特性的深度冲突。项目初期，团队依照常规管理咨询流程，建议客户采用市场通用的岗位价值评估模型，但这一提议遭到企业高层的反对，客户领导直言："各位老师还是深入了解一下我们这个行业，再来判断是不是要用这个成熟的工具。"

实地调研揭示了矛盾根源。该动物园饲养员岗位存在显著价值分化：大象饲养员每日搬运大量草料，体能消耗强度远超普通岗位；熊猫饲养员须掌握育幼温度调控、营养成分检测等精细化技能；猛兽区员工则承担着外伤应急处置、攻击行为预判等高危职责。更关键的是，动物健康管理与繁殖贡献直接关联企业资产价值——一只新生白虎幼崽估值可达近百万元，长颈鹿受惊流产可能造成超预估的损失。基于业务实质，美太重构了评估体系框架，删除原模型中30%的通用型软性指标，转而锚定与饲养员工作强关联的核心维度，用于评估不同岗位饲养员的岗位价值。

该案例印证了管理咨询的本质定律：脱离业务场景的“科学模型”的本质是另一种经验主义。当通用岗位评估模型无法量化大象饲养员的吨级体能损耗、熊猫育幼的精密温控价值、猛兽区风险防控对企业资产的实际保额时，所谓成熟的工具反而成为认知业务的屏障。真正的管理革新，往往始于对行业本质的敬畏式探寻，而非对最佳实践的机械复制。

［案例二］资源型企业分红机制：基于铜价波动与激励错位的定制化决策

在服务某铜矿开发企业时，美太咨询曾针对“是否向核心骨干实施利润分红”议题展开深度研讨。尽管分红机制被广泛视为人才激励的有效手段，但在该企业应用的核心矛盾在于：这一铜矿开发企业盈利能力的决定性因素并非内部管理效能或员工努力程度，而是受国际期货市场铜价波动的直接影响。

通过数据建模，美太咨询发现：在铜价上涨周期中，即使企业生产效率低于行业基准，其仍可实现超额利润；反之，在铜价下行阶段，即便优化采矿成本且全员绩效达标，企业仍难以避免亏损。这种价格与收益的强关联性，导致企业盈利水平与员工贡献度显著脱钩。若将骨干人员收益与利润绑定，反而可能引发两类风险：一是铜价高企时的“躺赢红利”削弱成本管控动力，二是铜价低迷时的“努力无效”加剧人才流失。基于行业特性，最终美太建议客户放弃了分红这一激励形式，而是设计其他更加适配的激励方案。

当外部不可控变量主导经营成果时，盲目套用通用激励工具的本质是对行业规律的违背。铜价波动如同自然界的潮汐，其力量远超个体船只的划桨效率——在涨潮期掩盖管理漏洞，退潮时吞噬团队努力。企业最终放弃分红方案，并非否定其激励价值，而是清醒地认识到：在价格周期支配利润的行业，将人才价值与铜价曲线强行绑定，无异于用气象预报考核水手的体能。美太咨询转而设计的激励体系，剥离了铜期货行情的干扰项，聚焦于团队可掌控、可优化的硬性指标，让员工的每一分努力都能穿透市场迷雾，在薪酬回报坐标系中形成确定性反馈。

[案例三] 短周期业务下的人才通道创新：三通道体系构建

美太咨询曾服务一家为奢侈品牌代工生产饰品的制造业企业，该企业因业务特性与传统人才体系冲突而陷入管理困境。其业务模式有两大特点：一是每个SKU（单品）的生命周期极短，产品开发完成后仅销售一期便退市，团队不断经历“从0到1组建——交付——解散”的循环；二是客户定制化要求高，每个订单都需要独立核算且项目周期很紧。

这种短周期、强波动的业务模式，使传统“管理+专业”双通道职业体系失效——管理者缺乏稳定团队可培养，专业评级无法量化“跨职能协作”“快速组局”等核心能力，核心人才在反复的项目重组中逐渐丧失职业方向感。

美太通过解构业务价值链发现，企业真正的竞争力并非来自单一职能的精专，而是“动态组局能力”，即快速理解客户需求、临时组建跨职能团队、在有限周期内实现利润闭环的复合能力。这种能力在静态职级体系中被长期忽视，导致员工价值评估与业务实际需求严重脱节。为此，美太突破性地设计了第三条职业通道——业务合伙人通道，将人才评价标尺从“岗位能力”转向“实战结果”。员工晋升不再依赖管理职级或技术证书，而是以项目闭环质量为核心依据，同时允许跨职能能力模块的自由组合与积累。

这一变革使企业摆脱了“削足适履”的体系矛盾，频繁切换项目的员工不再被视为“打杂人员”，其快速适应不同客户需求、协调多方资源的“特种兵能力”成为可量化、可增值的职业资本。当业务周期短于人才成长周期时，组织必须重构价值标尺，将业务特性转化为人才发展规则，而非简单套用行业通用模板。

综上所述，企业管理并非一成不变的公式，而是需要依据企业自身的独特性进行定制化设计的艺术。美太咨询的“道术为”框架，通过深入探究问题本质（道）、精准选择解决路径（术）以及确保方案的有效落地执行（为），为企业提供了一套系统化的定制化管理解决方案。在快速变化的商业环境中，设计者唯有深刻理解并尊重每家企业的独特性，才能真正实现管理的升级与突破，推动企业持续稳健发展。

第六章

人才升级：铸造企业发展的未来引擎

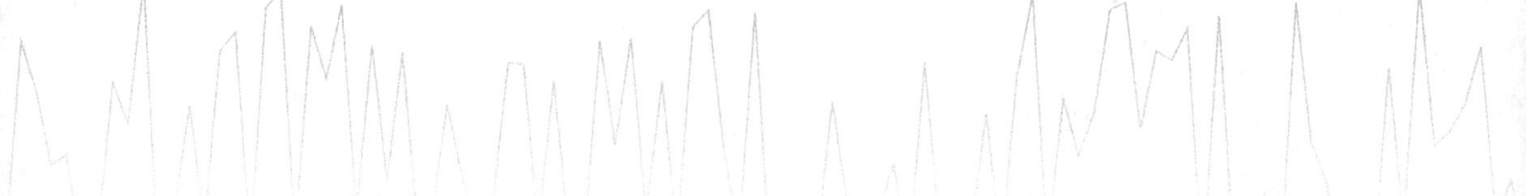

第一节 人才升级：企业发展的新引擎

在全球经济一体化进程不断加速、市场竞争日益白热化的当下，企业间的角逐早已从单纯的产品、价格层面，深度延伸至人才资源的较量。人才，毋庸置疑地成为企业在这场残酷竞争中脱颖而出、实现可持续发展的核心要素，人才升级更是企业打造核心竞争力、突破发展瓶颈的关键所在，宛如为企业发展安装了一台强劲的新引擎，源源不断地注入澎湃动力，助力企业在波涛汹涌的市场浪潮中乘风破浪、稳健前行。

人才堪称企业创新的源头活水。回溯苹果公司的发展历程，在传奇领袖乔布斯的引领下，苹果广纳全球顶尖的设计师、工程师以及创新人才。这些行业精英凭借着对科技趋势的敏锐洞察、对美的独特理解，以及超凡的创造力，精心雕琢出 iPhone、iPad 等一系列具有划时代意义的产品。以 iPhone 为例，其简洁流畅的外观设计、人性化的交互界面，彻底颠覆了传统手机的概念，重新定义了智能手机的标准，深刻改变了全球数十亿人的生活、工作和社交方式。而在这些产品诞生的背后，是苹果公司对人才创新能力的高度重视和大力投入。苹果每年投入巨额资金用于研发，吸引全球优秀人才，为他们提供最先进的研发设备和自由宽松的创新环境，鼓励他们大胆探索、勇于突破。正是这种对人才创新的执着追求，让苹果始终站在全球科技行业的前沿，成为市值长期位居前列的商业巨头。

人才是企业战略得以有效执行的关键支撑。再好的战略规划，如果缺乏得力的人才去落地实施，也只能是空中楼阁。特斯拉在电动汽车领域的异军突起，便是人才驱动战略成功的典型范例。马斯克深知人才对于企业发展的重要性，他凭借独特的个人魅力和企业愿景，吸引了一大批来自汽车制造、电池技术、软件编程等多个领域的顶尖人才。这些专业人才凭借各自深厚的专业知识和丰富的实践经验，在电动汽车技术、自动驾驶技术等关键领域不断取得突破。特斯拉的电池技术团队通过不懈努力，研发出能量密度更高、续航里程更长的电池，有效解决了电动汽车的续航难题；自动驾驶技术团队则专注于算法优化和传感器技术创新，大幅提升了自动驾驶的安全性和可靠性，让特斯拉在全球电动汽车市场中独占鳌头。

人才更是企业应对市场风云变幻的坚实后盾。在这个瞬息万变的时代，市场环境如同六月的天气，变幻莫测。企业要想在复杂多变的市场中站稳脚跟，就必须具备敏锐的市场洞察力和快速的应变能力，而这一切都离不开人才的智慧和力量。当互联网电商浪潮袭来时，阿里巴巴迅速捕捉到这一巨大商机，果断调整战略方向，通过一系列极具吸引力的人才政策，吸引和培养了大批电商运营、技术研发、数据分析等领域的专业人才。这些人才紧密协作，共同打造了淘宝、天猫等具有全球影响力的电商平台。阿里巴巴的技术团队夜以继日地优化平台架构，确保其在高流量下稳定运行，同时不断创新以提升用户体验，提升平台的吸引力；运营团队则深入研究市场动态和消费者需求，制定出一系列精准有效的营销策略，成功吸引了海量用户；数据分析团队通过对平台上的海量交易数据进行深度挖掘和分析，为企业决策提供了科学依据。这助力阿里巴巴在电商领域不断创新业务模式，引领行业发展潮流，成为全球电商行业的标杆企业。

2 第二节 人才密度：企业竞争的新密码

一、高密度人才团队的内涵

高密度人才团队，绝非人才在数量上的简单叠加，而是指在一个组织内部，汇聚了众多具备高技能、高素质以及高潜力的精英人才。这些人才在各自的专业领域深耕细作，拥有深厚的专业造诣，不仅能够熟练掌握前沿的知识与技能，还积累了丰富的实践经验，足以在工作中独当一面。更为重要的是，他们怀揣着强烈的创新意识，勇于打破传统思维的枷锁，以独特的视角洞察问题，为企业引入全新的理念与方法。与此同时，他们还具备卓越的团队合作精神，深谙如何在团队中精准定位自身优势，与团队成员协同共进。这样的团队对于企业的发展而言，有着不可估量的价值。源源不断的创新能够推动企业的产品和服务持续升级，精准匹配市场不断变化的需求；高效的执行力能够确保企业的战略规划得以精准落地，将宏伟的蓝图一步步转化为实际的成果；强大的竞争力则助力企业在激烈的市场竞争中脱颖而出，抢占发展的先机，牢牢地站稳脚跟。

在当今竞争激烈的商业世界中，人才已成为企业发展的核心驱动力。以 Netflix 为例，这家流媒体巨头在短短 20 余年间，从一家在线 DVD 租赁提供商，成功转型为如今市值超万亿元的全球知名企业，制作出《纸牌屋》《后翼弃兵》等爆款剧集。Netflix 的成功秘诀之一，便是其始终强调的“人才重于流程，创新高于效率，自由多于管控”的企业文化。通过以人才密度实现最高绩效，对员工实行情景管理，Netflix 能够不断适应世界与客户需求的变化，在激烈的市场竞争中脱颖而出。

那么，究竟何为高密度人才？他们具备哪些特征？他们对企业有着怎样的意义？企业又该如何打造属于自己的高密度人才团队？接下来，本书将围绕这些问题展开深入探讨。

二、解码高密度人才：多面剖析

（一）专业技能与知识：专业深厚，破解瓶颈

高密度人才犹如企业的定海神针，在专业领域拥有深厚的知识储备和丰富的实践经验。他们对行业动态了如指掌，对专业知识烂熟于心，能够在复杂的环境中迅速理清思路，找到问题的关键所在。以技术研发团队攻克难题为例，当面临技术瓶颈时，高密度人才凭借其扎实的专业基础，能够深入分析问题的本质，提出切实可行的解决方案。他们不仅能够独立解决复杂问题，还能为团队提供专业支持，成为团队的技术后盾。在华为的5G技术研发过程中，华为的工程师们凭借在通信领域深厚的专业知识和丰富的实践经验，攻克了一个又一个技术难题，为华为在5G领域占据领先地位奠定了坚实基础。从通信协议的优化到天线技术的创新，每一个环节都离不开高密度人才的专业支持。他们的专业技能不仅解决了研发过程中的技术难题，还推动了整个行业的技术进步。

（二）创新能力：思维突破，引领变革

创新是企业发展的灵魂，而高密度人才正是这一灵魂的塑造者。他们具备敏锐的洞察力和独特的思维方式，能够突破传统思维的束缚，提出新颖的解决方案和创意。这些创新思维如同星星之火，能够形成企业创新的燎原之势，推动企业在激烈的市场竞争中脱颖而出。以苹果公司推出iPhone为例，

在智能手机市场尚未完全成熟的时期，苹果公司的高密度人才团队凭借创新思维，提出了将多点触控技术、智能操作系统和简洁设计相结合的理念，推出了具有划时代意义的 iPhone。这款产品不仅改变了人们对手机的认知，还引领了整个智能手机行业的发展潮流。它的出现打破了传统手机的按键操作模式，开创了全新的移动互联网时代，让人们随时随地享受便捷的信息服务。iPhone 的成功，充分展示了高密度人才的创新能力对企业发展的巨大推动作用。

（三）多样性与包容性：多元融合，智慧碰撞

高密度人才的多样性就像一幅绚丽多彩的画卷，为企业带来了丰富的视角和思维方式。他们来自不同的地域，有着不同的文化和专业背景，拥有各自独特的经验和见解。这些元素在企业中相互碰撞、融合，就会产生奇妙的化学反应，为企业的创新和决策注入新的活力。在一场企业决策会议上，拥有不同背景的高密度人才围绕产品创新方向展开讨论：市场营销专家从市场需求和消费者偏好的角度出发，提出了产品功能优化的建议；技术专家则从技术可行性和发展趋势的角度，分享了关于新技术应用的想法；而具有国际背景的人才则从全球市场的角度，提供了不同文化背景下消费者对产品需求的差异分析。从多元视角出发形成的不同思想相互交流和碰撞，使企业能够更全面地了解市场和用户需求，做出更科学、更具创新性的决策。

（四）强烈的协作意识：携手共进，实现目标

在团队合作的舞台上，高密度人才是配合默契的舞者。他们深知团队的力量大于个人，因此非常重视团队合作，愿意与他人分享知识和经验，支持同事的工作，共同为实现团队目标而努力。在项目合作场景中，以软件开发项目为例，开发人员、测试人员、产品经理等不同角色的高密度人才紧密合作。开发人员凭借其专业技术，负责实现软件的功能；测试人员则运用自己的测试经验，对软件进行全面检测，确保软件的质量；产品经理则从用户需

求和市场角度出发，为项目提供方向和指导。在项目推进过程中，大家保持沟通、协作，及时解决遇到的问题。当开发人员遇到技术难题时，其他成员会共同探讨解决方案；当测试人员发现问题时，开发人员会积极配合修改。正是这种强烈的协作意识，使得项目能够顺利完成，团队的共同目标得以实现。

（五）学习能力：快速适应，持续进步

在科技飞速发展的今天，学习能力已成为高密度人才必备的核心竞争力之一。他们对新知识、新技术充满渴望，能够快速学习并掌握新的知识和技能，适应不断变化的环境。这种强大的学习能力，不仅有助于他们个人的职业发展，还能为企业保持行业竞争力提供有力支持。以互联网行业为例，新技术层出不穷，如人工智能、大数据、云计算等，高密度人才能够迅速学习这些新技术，并将其应用到实际工作中。字节跳动的员工们不断学习和掌握新的算法和技术，以优化平台的推荐系统，提升用户体验。他们通过持续学习，不断适应行业的发展变化，使字节跳动在激烈的互联网竞争中始终保持领先地位。

三、高密度人才对企业的重要意义：价值引擎

（一）高效协同：专业攻坚，制胜市场

优秀的人才通常具备更强的专业能力和解决问题的能力，他们能够迅速理解复杂的任务要求，运用自己的专业知识和经验，高效地完成工作任务。在苹果公司的产品研发过程中，工程师、设计师、市场营销人员等各领域的精英紧密合作，形成了一个高效协同的工作团队。工程师团队专注于攻克技术难题，确保产品的性能和质量；设计师团队则致力于打造产品的独特外观和卓越用户体验；市场营销团队深入了解市场需求和消费者心理，

制定精准的市场推广策略。他们通过敏捷开发流程和高效的沟通协作机制，实现了从产品设计、研发到市场推广的无缝对接，大大缩短了产品的研发周期，确保苹果产品能够按时推出，并凭借卓越的品质和用户体验赢得市场的高度认可。

（二）推动创新：激发创意，开拓新局

当一群高智商、高能力且各具专长的人才汇聚一堂，他们的思维相互碰撞、相互启发，就如同星星之火，一旦被点燃，便会引发创新的熊熊烈火。以谷歌公司为例，其内部汇聚了来自世界各地的顶尖人才，涵盖计算机科学、数学、心理学、语言学等多个领域。在谷歌开放自由、鼓励创新的企业文化氛围中，这些人才充分发挥自己的聪明才智，不断提出独特的创意和想法。谷歌搜索引擎算法的持续优化，使其能够更精准地理解用户需求，提供更优质的搜索结果；谷歌地图不断推出创新功能，如街景视图、实时交通信息等，为人们的出行提供了极大的便利。这些创新成果不仅巩固了谷歌在互联网领域的领先地位，也深刻改变了人们的生活和工作方式。为了进一步激发员工的创新热情，谷歌每年都会举办各种创新竞赛和活动，如“谷歌编程马拉松”等，鼓励员工在限定时间内围绕特定主题进行创新项目开发，为企业的创新发展注入源源不断的动力。

（三）增强市场竞争力：敏捷响应，建立优势

在激烈的市场竞争中，人才是企业的核心竞争力所在。拥有一支高素质的人才团队，企业能够更快速地响应市场变化，及时推出更具竞争力的产品和服务。特斯拉在电动汽车市场的激烈竞争中脱颖而出，关键在于其拥有一支由顶尖工程师、科学家和设计师组成的精英团队。他们凭借深厚的专业知识、敏锐的市场洞察力和勇于创新的精神，不断研发新技术，提升电动汽车的性能、续航里程和智能化水平。特斯拉的人才团队不仅关注技术创新，还注重产品设计和用户体验的优化，使特斯拉的电动汽车在全球市场上备受

消费者青睐，占据了领先的市场地位。

（四）提升客户满意度：精准服务，赢得信任

高水平的客户满意度是企业生存和发展的关键，高密度人才能够更好地理解客户需求，为客户提供个性化的解决方案。他们凭借专业知识和丰富经验，深入了解客户的业务和需求，从而提供更贴合客户实际情况的产品和服务。以金融服务行业为例，招商银行的客户经理团队由高素质的人才组成，他们在与客户沟通时，能够准确把握客户的财务状况和投资目标，为客户提供专业的理财建议和个性化的金融产品组合。无论是为企业客户提供融资方案，还是为个人客户规划资产配置，这些客户经理都能以专业、贴心的服务满足客户需求，赢得客户的信任和好评。通过提供优质的服务，招商银行客户经理团队不仅提升了客户满意度，还提升了客户的忠诚度，为企业带来了稳定的客户群体和业务增长。

四、打造高密度人才：策略指南

（一）明确人才需求：精准定位，有的放矢

在打造高密度人才团队的征程中，明确人才需求是至关重要的第一步。企业如同一位精心规划旅程的旅行者，需要清晰地了解自己的目的地和路线，才能准确地找到所需的“旅伴”——高密度人才。

首先，好比医生诊断病情，企业要深入分析自身的业务需求，要全面了解企业的业务现状、运营模式以及面临的挑战。以一家互联网电商企业为例，随着业务的快速发展，订单量急剧增加，原有的物流配送系统出现了效率低下、配送延迟等问题。通过对业务流程的深入分析，企业发现需要引进具备物流供应链管理经验和数据分析能力的人才，以优化物流配送体系，提高运营效率。

其次，企业要着眼于未来，明确自身的发展方向。这要求企业密切关注行业动态和市场趋势，提前布局，为未来发展储备人才。以新能源汽车行业为例，随着人们环保意识的增强和政策的推动，新能源汽车市场呈现出快速增长的趋势。某新能源汽车企业在制定发展战略时，明确了要在自动驾驶技术领域取得突破的目标。为了实现这一目标，企业应尽早规划，积极招聘人工智能、机器学习、传感器技术等领域的专业人才，为企业的技术研发和创新奠定了坚实的基础。

在明确人才需求的过程中，企业还可以采用多种方法进行深入分析，例如：开展岗位评估，对各个岗位的职责、技能要求、工作难度等进行全面评估，以确定每个岗位所需的人才类型和技能水平；进行人才盘点，对现有员工的技能、经验、潜力等进行梳理，找出人才缺口和优势，为人才招聘和培养提供依据；与各部门负责人进行深入沟通，了解他们在业务开展过程中遇到的问题和对人才的期望，确保人才需求的准确性和针对性。

（二）制定有效的招聘策略：广纳贤才，严格筛选

明确了人才需求后，企业就需要制定有效的招聘策略，如同撒下一张精心编织的大网，吸引高素质人才的加入。

多样化的招聘渠道是吸引人才的重要手段。校园招聘是企业获取新鲜血液的重要途径，许多知名企业都会走进各大高校，举办校园宣讲会，与优秀的应届毕业生面对面交流，吸引他们加入企业。例如，华为每年都会在各大高校开展大规模的校园招聘活动，选拔优秀的计算机、通信、电子等专业的毕业生，为企业的技术研发注入新的活力。猎头服务可以帮助企业精准地找到行业内的高端人才，这些人才往往具有丰富的经验和深厚的专业知识，能够为企业带来新的思路和技术。以某科技企业招聘首席技术官为例，通过专业猎头公司的推荐，企业成功找到了一位在人工智能领域具有卓越成就的专家，他的加入为企业的技术创新和产品研发带来了巨大的推动作用。行业展会也是企业招聘人才的重要平台，在展会上，企业可以展

示自己的实力和发展成果，吸引同行业优秀人才的关注。例如，在国际消费电子展（CES）上，许多科技企业都会展示自己的最新产品和技术，吸引了众多行业内的技术人才和专家前来参观交流，为企业的人才招聘提供了良好的机会。

在面试过程中，注重能力评估和文化契合度是确保招聘到合适人才的关键。企业应采用科学的面试方法，如行为面试法、案例面试法等，全面评估候选人的专业技能、解决问题的能力、沟通能力等。以行为面试法为例，面试官会通过询问候选人过去在实际工作或学习中遇到的问题，以及他们是如何解决这些问题的，来了解候选人的能力和素质。同时，企业还应关注候选人的文化契合度，确保他们的价值观和工作风格与企业文化相匹配。例如，一家倡导创新、合作、开放文化的企业，在招聘时会重点考察候选人是否具有创新思维、团队合作精神和开放的心态，以确保他们能够融入企业的文化氛围，与团队成员和谐相处，共同为企业的发展贡献力量。

（三）持续提供培训与发展机会：助力成长，挖掘潜力

人才的成长离不开持续的培训与发展，企业应为员工提供丰富的学习资源和广阔的发展空间，助力他们不断成长，挖掘自身的潜力。

职业发展规划是员工成长的指南针，能够帮助员工明确自己的职业目标和发展路径。企业可以与员工共同制定职业发展规划，根据员工的兴趣、能力和职业目标，为他们提供个性化的发展建议和指导。以一家金融企业为例，对于有潜力成为高级投资经理的员工，企业会为他们制定详细的职业发展规划，涉及在不同阶段需要掌握的专业知识和技能，以及需要参与的项目和培训课程。在规划实施的过程中，企业会定期与员工沟通，了解他们的进展情况，提供必要的支持和帮助。

培训是员工提升技能和知识的重要途径，企业应根据员工的需求和业务发展的需要，提供多样化的培训课程。这些课程可以包括内部培训、外部培

训和在线学习平台等多种形式。内部培训由企业内部的专家和经验丰富的员工担任讲师，他们在培训中分享自己的专业知识和实践经验。例如，一家互联网企业会定期组织内部技术培训，邀请公司内部的技术专家为员工讲解最新的技术趋势和开发技巧。外部培训则可以让员工接触到行业内的前沿知识和先进理念，拓宽他们的视野。企业可以安排员工参加行业研讨会、专业培训课程等。在线学习平台则为员工提供了随时随地学习的便利，员工可以根据自己的时间和需求，选择适合自己的课程进行学习。例如，许多企业都与在线学习平台合作，为员工提供丰富的课程资源，包括管理、技术、职业素养等多个方面。

此外，企业还可以为员工提供学习资源，如购买专业书籍、订阅行业杂志、提供学习软件等，鼓励员工自主学习，不断提升自己。同时，企业还可以建立导师制度，为新员工或有发展需求的员工安排导师，让他们在工作中得到指导和帮助，更快地成长。

（四）营造包容的企业文化：开放包容，鼓励合作

包容的企业文化是高密度人才成长的沃土，能够让员工感受到尊重和支持，激发他们的创造力和工作热情。

建立有多样性与包容性的企业文化，首先要尊重员工的差异，无论员工拥有什么样的背景，都应一视同仁，给予他们平等的机会和待遇。例如，谷歌公司一直致力于打造多元化的员工队伍，公司的员工来自世界各地，拥有不同的文化背景和专业技能。谷歌通过举办各种文化活动，如国际美食节、文化交流日等，让员工有机会了解和欣赏不同的文化，促进员工之间的相互理解和尊重。

企业还应鼓励员工相互支持与合作，营造良好的团队氛围。这可以通过建立团队合作机制、开展团队建设活动等方式来实现。在团队合作机制方面，企业可以明确团队成员的职责和分工，建立有效的沟通渠道和协作流程，确保团队工作的高效开展。例如，在一个软件开发项目中，开发团队、测试团

队、产品团队等需要密切协作，企业通过制定详细的项目计划和沟通机制，确保各个团队能够及时了解项目进展情况，协同解决问题。团队建设活动则可以增强团队成员之间的信任感和凝聚力，促进团队合作。企业可以组织户外拓展、团队聚餐、文化活动等，让员工在轻松愉快的氛围中增进彼此的了解和信任。例如，一家企业组织了一次户外拓展活动，通过团队合作游戏、挑战项目等，员工们在相互支持和协作中感受到了团队的力量，这增强了团队的凝聚力。

（五）实施激励机制：激发动力，留住人才

激励机制是激发高密度人才积极性和创造力的引擎，能够让人才感受到自己的价值和努力得到了认可，从而更加努力地工作。

绩效评估是激励机制的重要组成部分，它能够客观地评价员工的工作表现，为薪酬调整和晋升提供依据。企业应建立科学合理的绩效评估体系，明确评估指标和标准，确保评估过程的公平、公正、公开。例如，一家企业采用了关键绩效指标（KPI）和目标与关键成果法（OKR）相结合的绩效评估体系，既关注员工的工作成果，又注重员工的工作过程和创新能力。在绩效评估过程中，该企业通过上级评价、同事评价、自我评价等多维度的评价方式，全面客观地评价员工的工作表现。

薪酬调整是对员工工作表现的直接回应，企业应根据绩效评估结果，及时对员工的薪酬进行调整，以体现员工的价值和贡献。合理的薪酬调整不仅能够激励员工更加努力地工作，还能够吸引和留住优秀人才。例如，一家企业根据员工的绩效表现，为表现优秀的员工提供了较高的薪酬，同时为表现突出的员工提供了股票、期权等长期激励，有效地激发了员工的工作积极性和创造力。

晋升机会则是员工职业发展的重要动力，企业应建立公平公正的晋升机制，为有能力、有潜力的员工提供广阔的发展空间。在晋升过程中，企业应注重员工的综合素质和工作能力，而不仅仅看重工作年限或资历。例如，一

家企业通过内部竞聘、人才选拔等方式，为员工提供了公平竞争的晋升机会。在竞聘过程中，该企业通过面试、笔试、实际操作等环节，全面考察候选人的能力和素质，确保选拔出最优秀的人才担任重要岗位。

五、拥抱人才，拥抱未来

在当今竞争激烈的商业环境中，高密度人才已成为企业成功的关键要素。他们凭借深厚的专业技能与知识、卓越的创新能力、多元包容的思维、强烈的协作意识、强大的学习能力以及潜在的领导才能，为企业的发展注入源源不断的动力。

高密度人才对企业的重要意义不言而喻。他们是企业提升竞争力的利器，使企业能够在市场的浪潮中敏捷响应，赢得优势；是推动创新的引擎，激发企业不断开拓新局，增强市场适应性；是提高团队效率的催化剂，实现高效协作，快速完成任务；是增强客户满意度的关键，以精准服务赢得客户的信任与忠诚。

打造高密度人才团队无法一蹴而就，而需要企业全方位、系统性地规划与执行：明确人才需求，精准定位企业发展所需的人才类型与技能，为人才引进奠定坚实基础；制定有效的招聘策略，广纳贤才，并在面试中严格筛选，确保人才与企业的高度契合；持续提供培训与发展机会，助力员工成长，挖掘他们的最大潜力；营造包容的企业文化，让人才在开放、有充足支持的环境中充分发挥创造力；实施激励机制，激发人才的动力，留住核心人才。

在未来的发展中，挑战与机遇并存，只有高度重视人才，积极打造高密度人才团队，企业才能在激烈的市场竞争中立于不败之地。人才是企业最宝贵的财富，是推动企业持续发展的核心力量。让我们拥抱人才，拥抱未来，以人才为笔，书写企业发展的辉煌篇章。

3 第三节 解锁“一人一策”：为企业注入人才发展新动能

一、“一人一策”是什么

在当今多元化的职场环境中，每位员工都是独一无二的个体，有自己的个性、能力、职业发展需求和目标。“一人一策”正是基于这样的认识而诞生的一种创新人才管理理念。它强调以人为本，摒弃传统的“一刀切”模式，根据每位员工的独特之处，量身定制个性化的管理和发展方案，助力员工实现个人价值与职业目标。

以某互联网企业为例，员工小李是一位技术能力出色的程序员，对人工智能领域有着浓厚的兴趣和深入的研究。然而，在日常工作中，他主要负责一些常规的代码编写任务，无法充分发挥自己的专长。在“一人一策”管理模式下，公司了解到小李的情况后，为他制定了专门的发展计划，不仅安排他参与公司内部的人工智能项目研发，还为他提供了参加行业研讨会和学习专业培训课程的机会。在这一过程中，小李的专业能力得到了极大的提升，他所负责的项目也取得了显著成果，为公司带来了新的业务增长点。

“一人一策”的实施，对企业和员工都有着深远的意义。

从员工的角度来看，它能够有效提升员工满意度。当企业关注并满足员工的个性化需求时，员工会感受到自己被尊重、被重视，从而增强对企业的认同感和归属感。这种心理上的满足，会转化为工作中的积极态度和高度的敬业精神。对于追求工作与生活平衡的员工，企业可以提供弹性工作制度；对于渴望学习新知识、提升技能的员工，企业可以给予丰富的培训资源和学习机会。这些个性化的举措让员工在工作中找到乐趣和成就感，进而提升工作满意度。

从人才留存方面而言，个性化的管理方式无疑是留住人才的关键。在竞争激烈的人才市场中，员工的选择日益多元化。如果企业能够通过“一人一策”，为员工提供符合其职业发展规划的路径和支持，员工就会更愿意留在企业，与企业共同成长。一家金融企业 A 公司的员工小王，原本收到了 A 公司的竞争对手抛出的橄榄枝，但由于 A 公司一直关注他的职业发展，为他制定了清晰的晋升计划，并给予他充分的信任和资源支持，让他在工作中不断实现自我价值，最终，小王选择留在 A 公司，成为企业的核心骨干。

从企业角度来看，“一人一策”有助于增强企业竞争力。通过挖掘和培养每一位员工的潜力，企业能够提升整体团队的能力。不同员工的优势和特长在“一人一策”的引导下得到充分发挥，形成优势互补的团队效应。在面对市场挑战时，这样的团队能够迅速做出反应，提出创新的解决方案，从而在激烈的市场竞争中脱颖而出。比如，一家科技企业在研发新产品时，运用“一人一策”管理模式，充分发挥团队中不同成员在技术研发、市场调研、用户体验设计等方面的专长，使得产品在性能、功能和用户满意度上都达到了行业领先水平，成功抢占市场份额，提升了市场竞争力。

二、为什么要实施“一人一策”

（一）满足个体独特需求

在企业中，员工就像形态各异的拼图碎片，各自有着独特的形状和价值。不同员工在工作动机、价值观和职业发展方向上存在显著差异。

从工作动机来看：有的员工受金钱激励驱动，努力工作是为了获得更高的薪资和丰厚的奖金，以提升物质生活水平；而有的员工则更看重成就感，渴望通过攻克高难度项目、取得突出业绩来获得他人的认可和自我价值的实现；还有些员工追求工作与生活的平衡，他们希望在工作之余有足够的时间陪伴家人，发展个人兴趣爱好。

在价值观方面，差异同样明显。有的员工秉持团队合作至上的理念，认为只有团队成员紧密协作，才能实现共同目标；而有的员工更注重个人能力的发挥，追求在工作中展现自己的独特才华；还有的员工将社会责任视为重要价值观，期望所在企业积极参与公益活动，为社会做出贡献。

在职业发展方向上，不同员工的追求也大相径庭。以一家互联网公司为例：技术岗位的员工可能希望在专业技术领域不断深耕，从初级程序员逐步成长为技术专家，专注于提升编程能力和解决复杂技术问题；而市场岗位的员工则更倾向于拓展业务领域，积累市场推广、品牌建设等方面的经验，朝着市场经理、营销总监的方向发展；运营岗位的员工可能对用户运营、数据分析等方向感兴趣，希望通过提升用户活跃度和优化运营策略来实现职业晋升。

面对这些差异，如果企业采用“一刀切”的管理模式，就如同用一把固定尺寸的钥匙去开所有的锁，必然难以满足员工的个性化需求。而“一人一策”的个性化管理方式能够精准地关注到这些差异，为不同员工量身定制激励和发展措施。对于追求成就感的员工，企业可以为其提供具有挑战性的项目，让他们在解决问题的过程中获得满足感；对于重视团队合作的员工，企业可以为其安排团队协作性强的任务，并给予团队奖励，以增强他们的归属感和积极性；对于有明确职业发展方向的员工，企业可以为其制定有针对性的晋升路径和培训计划，帮助他们更快地实现职业目标。这样的管理方式，能够极大地增强员工的积极性和工作投入感，让员工在工作中感受到被关注、被理解，从而全身心地投入工作中。

（二）深度挖掘员工潜力

“一人一策”就像是为员工量身打造成长地图，能够帮助员工明确自己的职业定位和发展方向。在传统的人才管理模式下，员工往往缺乏对自身职业发展的清晰认知，容易陷入迷茫和困惑。而通过“一人一策”，企业可以与员工共同进行深入的职业探索和分析。例如，企业可以通过职业兴趣测试、能力评估等工具，帮助员工了解自己的优势和劣势，发现自己真正的兴趣所在和潜力领域。

以某制造业企业为例，员工小张原本在生产线上从事基础的装配工作，工作内容单调重复，他对自己的职业发展感到迷茫。在“一人一策”管理模式下，企业对小张进行了全面评估，发现他对机械维修有着浓厚的兴趣和一定的天赋，且在相关知识和技能方面有提升的潜力。于是，企业为他制定了个性化发展计划，安排他学习机械维修技能培训课程，并为他提供了在实际工作中参与设备维修的机会。在这一过程中，小张的潜力得到了充分挖掘，他的维修技能不断提升，逐渐成长为一名专业的机械维修工程师，不仅实现了个人职业目标，也为企业的设备维护和生产运营提供了有力支持。

同时，企业为员工提供相应的培训和支持，是员工技能提升和职业成长的关键推动力。根据员工的个性化发展计划，企业可以有针对性地为员工提供各类培训资源，包括内部培训课程、外部培训机会和在线学习平台等。这些培训内容涵盖专业技能、管理能力、沟通技巧等多个方面，满足员工不同阶段的发展需求。此外，企业还可以为员工安排导师，为他们提供“一对一”的指导和建议，帮助员工解决在职业发展过程中遇到的问题和困难。

当员工在企业的支持下实现技能提升和职业成长时，企业也将从中受益。员工能力的提升将直接转化为工作效率和质量的提高，为企业创造更大的价值。而且，员工在企业中获得良好的发展，会增强他们对企业的忠诚度和归属感，减少人才流失，形成企业与员工相互促进、共同发展的良性循环，实现真正的双赢。

三、如何实施“一人一策”

（一）定制专属职业规划

在实施“一人一策”的过程中，为员工定制专属的职业规划是关键的第一步。这需要企业通过多种方式对每位员工进行全面评估，从而为后续的个性化发展方案制定提供坚实依据。

对每位员工进行全面评估时，能力评估工具是重要的参考。以某知名互联网企业为例，它采用专业的能力评估软件，对员工的编程能力、算法设计能力、数据分析能力等技术能力进行量化评估；同时，结合360度反馈评估，收集员工上级、同事、下级以及客户对其沟通能力、团队协作能力、问题解决能力等的评价，全面了解员工在工作中的优势和劣势。

绩效反馈也是评估员工的重要维度。企业定期对员工的工作绩效进行评估，分析员工在完成工作任务过程中的表现，包括工作质量、工作效率、目标达成情况等。例如，一家制造业企业通过对员工生产产品的合格率、生产效率等指标进行统计分析，了解员工在生产环节的工作表现，发现那些在生产效率和产品质量方面表现突出的员工，以及在某些环节存在不足的员工。

职业兴趣测试则帮助企业了解员工的内在职业倾向。例如，霍兰德职业兴趣量表将人的职业兴趣分为现实型、研究型、艺术型、社会型、企业型和传统型六种类型。通过测试，企业可以了解员工更倾向于从事哪个领域的工作。例如，某广告公司的员工小王在职业兴趣测试中显示出对艺术型和企业型工作的浓厚兴趣，这为公司为其制定职业发展规划提供了重要线索。

在全面评估的基础上，企业就可以为员工制定个性化职业发展路径。根据评估结果，企业可以为员工设定明确的短期与长期目标。对于一位刚入职的市场营销专员，短期目标可以是在半年内熟悉公司的产品线和市场推广渠道，能够独立完成小型市场推广活动的策划与执行，长期目标则可以设定为在3年内成长为市场经理，负责公司重要产品的市场推广策略制定和团队管理。

明确所需技能与培训也是关键环节。如果员工的目标是晋升为技术主管，那么除了需要具备扎实的技术能力外，还需要掌握项目管理、团队领导等方面的技能。企业可以根据这些技能需求，为员工安排相应的培训课程，如项目管理培训、领导力培训等；同时，鼓励员工参加行业研讨会、学习在线课程等，不断提升自己的专业素养。

为员工规划清晰的晋升路径同样重要。以一家连锁零售企业为例，基层员工的晋升路径可以是从店员晋升为店长助理、店长，再到区域经理、大区经理等。企业要明确每个晋升阶段的要求和标准，让员工清楚自己努力的方向。这样的个性化职业发展路径，能够让员工看到自己在企业中的成长空间和发展前景，激发他们的工作积极性和创造力。

（二）搭建沟通反馈桥梁

“一对一”沟通机制是“一人一策”实施过程中不可或缺的，它就像一座桥梁，连接着企业与员工，让双方能够深入了解彼此的想法和需求。

许多企业将定期沟通的频率设定为每月一次或每季度一次。沟通形式也丰富多样，有的企业采用面对面交谈的方式，营造轻松、开放的交流氛围，让员工能够毫无顾虑地表达自己的想法。例如，一家创业公司的管理者会在每月的固定时间，与每位员工进行“一对一”的面谈，详细了解员工在工作中的进展、遇到的问题以及对职业发展的期望。还有的企业借助于视频会议工具，打破时间和空间的限制，方便与异地办公的员工进行沟通。某跨国公司的员工分布在全球各地，公司通过视频会议软件，定期组织管理者与员工的“一对一”沟通，确保信息的及时传递和交流的顺畅。

在沟通中，管理者不仅要关注员工的工作内容，还要敏锐地察觉员工的心理状态和工作满意度。当发现员工工作压力过大时，管理者可以给予关心和支持，帮助员工调整工作节奏，合理分配工作任务；当员工对工作内容感到迷茫时，管理者可以及时给予指导和建议，帮助员工明确工作方向。

提供及时反馈，是帮助员工不断成长和进步的重要手段。在员工完成一项工作任务后，管理者应及时给予反馈。如果员工在项目中表现出色，成功解决了一个关键技术难题，管理者要及时给予表扬，让员工感受到自己的努力得到了认可，增强员工的自信心和成就感。同时，指出员工在工作中存在的不足之处，也是反馈的重要内容。例如，员工撰写的项目报告存在逻辑不清晰、数据不准确的问题，管理者要详细指出这些问题，并提出改进的建议，如学习逻辑思维方法、提高数据收集和分析能力等。

员工根据反馈调整发展计划，能够使职业发展路径更加符合自身实际情况。如果员工得知自己在沟通能力方面有待提高，而这又对其职业晋升至关重要，那么员工可以在后续的发展计划中，学习沟通技巧培训课程，参加沟通技巧训练活动，努力提升自己的沟通能力。这种及时的反馈和调整，能够让员工在职业发展的道路上不断优化自己的发展策略，实现更好的职业成长。

（三）构建多元激励体系

构建多元激励体系，是激发员工积极性和创造力的核心所在，能够满足不同员工的多样化需求，让员工在工作中感受到充分的激励和认可。

根据员工表现与需求制定激励方案，需要企业全面考量员工的绩效、贡献和发展需求。以一家科技企业为例，对于绩效突出的员工，企业除了给予常规的薪资调整和奖金激励外，还会根据员工的发展需求，为其提供更多的培训机会。如果员工希望在人工智能领域深入发展，企业会为其提供学习行业顶尖人工智能培训课程的机会，帮助员工提升专业技能，实现职业发展目标。同时，对于在团队协作中发挥重要作用、为团队做出突出贡献的员工，企业会给予团队合作奖励，如团队旅游、团队建设活动经费等，既激励了个人，也有助于增强团队的凝聚力和协作能力。

考虑到员工的不同动机和价值观，制定多元化的激励措施至关重要。对于追求工作与生活平衡的员工，企业可以提供弹性工作安排，允许员工根据自己的生活节奏和工作任务，灵活选择工作时间和工作地点。某互联网企业实行弹性工作制度，员工可以在一定范围内自主选择上班时间，只要保证完成工作任务即可。这种方式让员工能够更好地平衡工作和生活，提高了员工的工作满意度和幸福感。

对于渴望学习新知识、提升技能的员工，企业提供丰富的职业培训资源，包括内部培训课程、外部培训讲座和在线学习平台等。一家金融企业为员工提供了涵盖金融市场分析、风险管理、投资策略等多个领域的培训课程，员工可以根据自己的兴趣和职业发展规划选择相应的课程进行学习，不断提升自己的专业素养。

健康福利也是吸引和激励员工的重要因素。企业可以为员工提供定期体检、健康保险、健身补贴等福利，关注员工的身体健康。例如，某企业为员工购买了全面的商业健康保险，涵盖重大疾病、意外伤害等多个方面，让员工在工作中无后顾之忧；同时，为员工提供健身补贴，鼓励员工积极参加体育锻炼，保持良好的身体状态。这些多元化的激励措施，能够满足不同员工的需求，激发员工的工作热情和创造力，为企业的发展注入强大动力。

（四）“一人一策”的领导力开发

“一人一策”的理念同样可以应用到企业管理者的领导力发展中。“一人一策”强调针对每位管理者的独特性格、经验、能力和职业发展需求，量身定制领导力发展计划。这种个性化策略不仅有助于管理者更好地认识自我，还能激发其内在潜能，实现领导力的全面提升。

具体而言，实施“一人一策”领导力发展计划，首先需要深入了解每位管理者的优势和不足。通过自我反思、同事反馈和领导力测评工具，管理者可以清晰地认识到自己在领导力方面的长处和短板。

接下来，实施“一人一策”领导力发展计划，还需要针对每位管理者的特点，制定个性化的领导力提升计划。例如，对于擅长沟通协调的管理者，企业可以进一步强化其团队建设和冲突解决能力；而对于技术背景深厚但缺乏管理经验的管理者，则可以重点培养其战略思维和决策能力。

在实施过程中，“一人一策”还强调持续的反馈和调整。领导者应与管理者保持密切沟通，定期评估其领导力发展进度，并根据实际情况调整培养计划。这种动态调整机制有助于确保管理者按照最适合自己的路径发展领导力。

“一人一策”领导力发展计划的优势在于其高度的个性化和灵活性。它能够满足不同管理者的独特需求，帮助他们充分发挥自身优势，应对挑战。同时，这种个性化策略还有助于提升管理者的满意度和忠诚度，为企业培养一支高效、稳定的领导团队。

以美太咨询与某企业的合作为例，该企业针对高潜质管理者实施了“一人一策”领导力培养计划，通过为每位管理者配备导师、制定个性化学习计划、提供实践机会等方式，有效提升了管理者的领导力和综合素质。

四、实施过程中的挑战与应对

（一）挑战剖析

在实施“一人一策”个性化人才管理模式的过程中，企业不可避免地会面临一些挑战，这些挑战若得不到妥善解决，可能影响“一人一策”的实施效果。

1. 资源分配

与传统的统一管理模式不同，个性化管理要求管理者深入了解每一位员工的特点、需求和职业发展目标。这就需要管理者花费大量的时间与员工进行沟通交流，了解他们的想法和期望。以一家拥有 100 名员工的中型企业为例，若管理者每周要与 5 名员工进行“一对一”的深入沟通，每次沟通时间为 1 小时，那么仅这一项工作，管理者每周就要花费 5 小时。此外，在制定个性化发展方案时，管理者需要收集和分析大量的员工信息，包括绩效数据、能力评估结果、职业兴趣测试报告等，这也需要耗费大量的精力。对于管理者来说，其本身就承担着繁重的管理任务，如团队目标制定、项目推进、资源协调等，额外增加的这些工作，无疑会让他们感到负担沉重，甚至可能导致部分管理者在实施“一人一策”时力不从心，影响方案的质量和实施效果。

2. 员工认同度

部分员工可能对个性化管理的目标和程序缺乏认同感。一方面，一些员工已经习惯了传统的管理模式，对新的“一人一策”模式存在疑虑和担忧。他们可能担心个性化管理会导致管理的不公平性，认为自己在这种模式下会受到不公正的对待。例如，在薪酬调整和晋升机会方面，他们可能怀疑管理者根据个人喜好而非实际能力和绩效来决策。另一方面，员工对个性化管理的程序不了解，也会导致他们缺乏参与的积极性。如果企业在推行“一人一策”时，没有向员工充分解释清楚整个管理程序，包括如何进行评估、如何制定发展方案、如何实施和监督等，员工就会觉得整个过程充满不确定性，从而对个性化管理产生抵触情绪。这种认同度的缺乏，会使得员工在参与“一人一策”实施过程中，表现出消极的态度，不愿意积极配合管理者的工作，影响“一人一策”的顺利推行。

（二）应对策略

面对实施“一人一策”过程中出现的挑战，企业需要采取积极有效的应对策略，以确保这一创新人才管理模式能够发挥出最大的效能。

1. 提供培训

对管理者进行培训，是提升他们实施个性化管理能力和信心的关键举措。企业可以组织专门的培训课程，邀请人力资源管理专家、资深企业管理者等作为讲师，为管理者传授个性化管理的理念、方法和技巧。培训内容可以涵盖多个方面，如如何进行有效的员工沟通，包括倾听技巧、表达技巧、反馈技巧等，让管理者能够更好地与员工建立良好的沟通关系，深入了解员工的需求；如何运用科学的评估工具和方法，准确地评估员工的能力和潜力，为制定个性化发展方案提供可靠依据；如何根据员工的特点和需求，设计合理的激励措施，激发员工的工作积极性和创造力。

通过实际案例分析和模拟演练，企业可以让管理者在实践中掌握个性化管理的操作流程。例如，以某成功实施“一人一策”的企业为案例，详细分析其在实施过程中的具体做法、遇到的问题及解决方法，让管理者从中吸取经验教训；同时，设置模拟场景，让管理者扮演不同的角色，模拟与员工沟通、制定发展方案等环节，通过实践操作，提高管理者的实际应用能力。此外，企业还可以为管理者提供持续的学习支持，如定期组织线上学习交流活动、推荐相关的专业书籍和文章等，帮助管理者不断更新知识，提升管理水平，增强实施个性化管理的信心。

2. 增强沟通

通过透明的沟通，向员工解释“一人一策”的目标和好处，是增强员工参与感和认同感的重要途径。企业可以通过多种渠道进行沟通，如定期召开员工大会，在大会上，企业高层领导亲自向员工介绍“一人一策”的实施背景、目标和具体操作流程，让员工对这一管理模式有全面的了解；同时，设置问答环节，鼓励员工提出自己的疑问和担忧，领导当场进行解答，消除员工的疑虑。

企业可以利用内部的沟通平台，如内部邮件、即时通信工具、论坛等，发布关于“一人一策”的详细信息和常见问题解答，方便员工随时查阅；还可以制作宣传手册和海报，在企业内部的宣传栏、办公区域等显著位置张贴和发放，让员工能够直观地了解“一人一策”的相关内容。此外，管理者在与员工进行“一对一”沟通时，也要着重向员工解释“一人一策”对他们个人职业发展的积极影响，如能够帮助他们更好地发挥自己的优势、实现职业目标、获得更多的培训和晋升机会等。通过这些透明的沟通方式，企业可以让员工充分认识到“一人一策”是为了他们的个人利益和职业发展着想，从而增强他们的参与感和认同感，让他们积极主动地配合企业实施“一人一策”个性化人才管理模式。

五、总结

“一人一策”的个性化人才管理模式犹如一场及时雨，为企业和员工带来了前所未有的发展机遇。它不仅满足了员工多样化的需求，激发了员工的潜能，提升了员工的工作满意度和忠诚度，而且为企业在激烈的市场竞争中赢得了优势。通过实施“一人一策”，企业能够打造出一支充满活力、富有创造力的人才队伍，为企业的持续发展提供强大的智力支持和人才保障。

展望未来，随着社会的不断发展和进步，人才的重要性将愈发凸显。企业在人才管理方面应持续创新，不断优化“一人一策”的实施策略。企业要更加关注员工的个性化需求，深入了解员工的内心想法和职业期望，不断完善个性化职业发展规划，为员工提供更加精准、全面的发展支持。同时，企业应加强沟通与反馈机制的建设，确保信息的及时传递和有效交流，让员工能够及时了解企业的发展战略和自身的发展方向，增强员工的参与感和归属感。

此外，企业还应积极探索多元化的激励方式，不断丰富激励内容，满足员工在物质和精神层面的双重需求。通过构建更加完善的激励体系，企业能够激发员工的工作热情和创造力，让员工在实现个人价值的同时，为企业创造更大的价值。

在未来的人才管理道路上，企业需要不断探索和实践，以“一人一策”为核心，持续关注员工的个性化需求，不断创新人才管理模式，为员工提供更加广阔的发展空间和更加优质的发展环境。只有这样，企业才能在激烈的市场竞争中立于不败之地，实现可持续发展的宏伟目标，与员工携手共创更加美好的未来。

4 第四节 人才结构新解：从“2/8”到“1/9”

一、“2/8”和“1/9”的内涵

在当今竞争激烈的商业环境中，人才结构已成为企业发展的关键因素。不同的人才结构模式，如同不同的建筑蓝图，决定了企业这座大厦的稳固程度与发展高度。“2/8”结构与“1/9”结构便是两种极具代表性的人才布局模式，它们在人才占比和绩效贡献方面有着显著的差异，深刻影响着企业的运营与发展。

“2/8”结构是帕累托法则在人才领域的体现，是指在一个组织中，大约20%的核心人才，凭借其卓越的专业技能、丰富的经验和高效的执行力，贡献了80%的业绩。这部分核心人才往往是企业的中流砥柱，他们在关键岗位上发挥着不可替代的作用，推动着企业的核心业务发展，引领着企业在市场竞争中前行。以科技企业为例，研发团队中的核心技术人员，他们凭借深厚的技术功底和创新能力，开发出具有竞争力的产品，为企业带来主要的收入和利润；销售团队中的顶尖销售人员，凭借出色的沟通技巧和市场洞察力，开拓市场，拿下关键订单，为企业业绩增长立下汗马功劳。而其余80%的员工，虽然在数量上占据多数，但对整体业绩的贡献相对较小，他们主要承担着辅助性、支持性的工作，确保企业的日常运营。

"1/9"结构则强调人才的均衡发展与整体效能，致力于使组织中90%的员工都成为高效人才，只有10%的人处于低绩效状态。在这种结构下，企业注重员工的全面培养和发展，通过提供丰富的培训资源、完善的职业发展规划和良好的工作环境，激发员工的潜力，提升员工的能力和绩效。每个员工都被视为企业发展的重要力量，都有机会在自己的岗位上发光发热，为企业的整体目标贡献力量。例如，一些注重企业文化建设和员工发展的企业，通过建立内部培训体系、导师制度和轮岗机制，让员工不断学习新知识、新技能，拓宽视野，提升综合能力，从而使大部分员工都能达到较高的绩效水平，形成一个高效协作的团队。

二、传统与创新的碰撞

（一）"2/8"结构：聚焦精英的利弊权衡

1. 优点：精准聚焦，高效激励

"2/8"结构的团队最显著的优势是能够精准地识别出高绩效者，就像在一场激烈的体育赛事中，教练总能敏锐地发现那些表现卓越、能决定比赛胜负的关键球员。通过一系列科学的绩效评估体系，如关键绩效指标（KPI）考核、360度评估等，企业可以清晰地分辨出团队中那20%的高绩效员工。这些员工往往具备出色的专业技能、强烈的责任心和卓越的问题解决能力，他们

是团队前进的核心驱动力。

一旦确定了高绩效者，资源便会向他们集中投入。以科技企业为例，对于那些在技术研发上表现突出的核心人员，公司会为其配备最先进的研发设备、充足的研发资金以及优秀的助手团队。这些丰富的资源让高绩效者能够在最有利的环境中充分发挥自己的才能，创造出更大的价值。相关研究表明，在资源合理倾斜的情况下，高绩效者的工作效率可提升30%~50%，为企业带来显著的经济效益。

这种资源的集中投入也极大地激励了高绩效者。当他们看到自己的努力和贡献得到了充分的认可和回报，内心的成就感和满足感会油然而生，从而激发他们更加努力地工作。例如，某互联网公司对年度绩效排名前20%的员工给予丰厚的奖金、晋升机会以及海外培训的奖励。这一举措使得这些高绩效员工的工作积极性大幅提升，他们不仅在本职工作上不断创新突破，还积极带动团队其他成员共同进步，为公司的发展注入了强大的动力。

2. 缺点：忽视底层，过度依赖

"2/8"结构在聚焦于高绩效者的同时，也容易导致对低绩效者的忽视。那些在绩效排名中处于后80%的员工，可能因为得不到足够的关注和资源支持而逐渐失去工作的积极性和动力。他们会觉得自己的努力没有得到应有的认可，在团队中处于边缘地位，从而产生沮丧、失落的情绪。这种负面情绪一旦在团队中蔓延开来，就会像病毒一样，迅速降低整个团队的士气。

在一些企业中，由于企业过度关注高绩效者，低绩效者长期得不到培训和指导，能力提升缓慢，工作表现越来越差。他们开始对工作产生抵触情绪，甚至选择离职，这无疑会增加企业的人才流失成本。而且，低绩效者的消极态度也会影响其他员工，破坏团队的和谐氛围，降低团队的整体协作效率。

过度依赖少数高绩效者，还会给团队带来潜在的风险。一旦这些核心成员因为各种原因离开团队，如跳槽、生病、离职等，团队的运作可能陷入困境。以某创业公司为例，该公司的核心业务主要依赖几位技术骨干。然而，其中一位关键技术人员突然离职，导致公司正在进行的重要项目陷入停滞，技术难题无人能够及时解决，项目进度被严重延误，给公司带来了巨大的经济损失。这充分说明了过度依赖少数高绩效者会限制团队的整体发展，使团队在面对突发情况时变得脆弱不堪。

（二）“1/9”结构：全员共进的挑战与机遇

1. 优点：团队协作，全面成长

“1/9”结构将目光聚焦于团队的整体协作，致力于营造一种积极向上、团结互助的团队氛围。在这种结构下，团队成员之间的沟通与合作变得更加频繁和深入。例如，某软件开发团队采用“1/9”结构后，团队成员不再各自为战，而是紧密配合。开发人员、测试人员、产品经理等不同岗位的成员定期举行沟通会议，共同探讨项目进展中遇到的问题和解决方案。在一次重要项目的开发过程中，开发人员在代码编写时遇到了技术难题，测试人员凭借自己的经验提供了一些新思路，产品经理则从用户需求的角度提出了建议。通过团队成员的共同努力，他们成功攻克了难题，项目得以顺利推进。这种紧密的协作模式，不仅提高了工作效率，还增强了团队成员之间的信任和默契，使得团队的凝聚力得到了显著提升。

在“1/9”结构的团队中，每一位成员都被视为团队发展的重要力量，都有机会得到充分的成长与发展。企业会为员工提供丰富多样的培训课程、学习资源以及晋升机会，鼓励员工不断提升自己的能力和素质。以一家互联网企业为例，该企业为员工制定了个性化的职业发展规划，根据员工的兴趣和特长，为他们提供有针对性的培训和学习机会。新入职的员工会参加一系列的基础培训课程，这些课程帮助他们快速了解公司的业务和文化；有一定工作经验的员工则可以选择参加专业技能培训、管理培训等进阶课程，提升自己的专业水平和综合能力。同时，公司还建立了内部晋升机制，只要员工表现优秀，就有机会晋升到更高的职位。这一系列举措激发了员工的学习热情和工作积极性，员工的离职率明显降低。据统计，该企业在推行“1/9”结构后的一年内，员工离职率从原来的15%下降到了8%，员工的满意度和忠诚度得到了大幅提升。

2. 缺点：评估难题，成本攀升

在实施“1/9”结构的初期，绩效评估往往会面临诸多挑战。由于这种结构强调团队整体的发展，注重成员之间的协作和互助，传统的以个人业绩为主要衡量标准的绩效评估方式难以全面、准确地评估员工的贡献。例如，在一个跨部门合作的项目中，团队成员共同努力完成了项目目标，但企业很难明确区分每个成员在项目中的具体贡献大小。这就导致评估者在进行绩效评估时，可能受到主观因素的影响，如个人偏见、对成员工作了解不够深入等，从而使评估结果缺乏客观性和公正性。而且，“1/9”结构下的团队工作更加复杂和多元化，需要评估的指标也更加丰富和综合，这提高了绩效评估的难度和复杂程度，企业需要花费更多的时间和精力来制定合理的评估标准和方法，员工也需要一定的时间来适应这种新的评估方式。

为了支持“1/9”结构的有效运行，企业需要投入更多的培训与支持资源，这无疑会增加管理成本。在培训方面，企业需要为员工提供各种类型的培训课程，包括专业技能培训、团队协作培训、沟通技巧培训等，以满足员工不同的发展需求。这些培训课程不仅需要聘请专业的培训讲师，还需要购买相关的培训材料和设备，培训成本较高。例如，某企业为了提升员工的团队协作能力，专门聘请了外部的培训专家为员工进行为期一周的团队协作培训，培训费用高达数十万元。在支持资源方面，企业需要为员工提供更多的技术支持、设备支持和办公空间等，以保障员工能够顺利开展工作。这些额外的投入会使企业的管理成本大幅上升，如果企业不能合理控制成本，可能对企业的经济效益产生一定的影响。

三、时代召唤：结构转变势在必行

（一）市场需求的强力驱动

在当今时代，市场环境和技术正以前所未有的速度发生着变化，这犹如一场汹涌澎湃的浪潮，深刻地影响着企业的人才结构需求。随着科技的飞速发展，新兴技术如人工智能、大数据、云计算等不断涌现，它们不仅改变了企业的生产方式、运营模式，还对企业的人才技能提出了全新的要求。在人工智能领域，企业需要具备深厚数学基础、算法设计能力和编程技能的人才，以推动人工智能技术的研发和应用；在大数据领域，数据分析师、数据挖掘工程师等人才成为企业的抢手货，他们能够从海量的数据中提取有价值的信息，为企业的决策提供支持。企业需要不断调整人才结构，吸引和培养掌握这些新兴技术的人才，以适应市场的变化，保持自身的竞争力。如果企业仍然依赖传统的人才结构，不及时引进和培养适应新技术发展的人才，就可能在激烈的市场竞争中被淘汰。

消费者的多样化需求如同一张复杂多变的拼图，企业只有具备更广泛的技能和知识储备，才能灵活地将拼图拼好。如今的消费者不再满足于千篇一律的产品和服务，他们追求个性化、多样化、高品质的消费体验。在服装市场，消费者对于服装的款式、材质、设计等方面有着不同的需求，有的消费者喜欢时尚潮流的款式，有的消费者注重服装的舒适度和环保性，还有的消费者追求个性化的定制服务。这就要求服装企业不仅有优秀的设计师，能够把握时尚潮流，设计出新颖独特的款式，还有了解各种面料特性和生产工艺的专业人才，以及能够提供个性化定制服务的团队。企业还需要具备市场营销、客户服务等方面的人才，以更好地了解消费者需求，提供优质的服务，满足消费者的期望。只有拥有这样广泛的技能和知识储备，企业才能在满足消费者多样化需求的同时，实现自身的发展和壮大。

（二）高效结构的关键作用

“1/9”结构就像一座精心搭建的桥梁，能够极大地增强团队的协作能力，促进跨部门合作。在这种结构下，大部分员工都具备较高的绩效和能力，他们在团队协作中能够充分发挥自己的优势，相互配合，形成强大的合力。当企业开展一个大型项目时，不同部门的高效人才能够迅速沟通、协调，共同制定项目计划，明确各自的职责和任务。研发部门的员工能够凭借专业的技术知识，开发出创新的产品或解决方案；市场营销部门的员工能够运用敏锐的市场洞察力和营销技巧，制定有效的推广策略，将产品推向市场；生产部门的员工能够高效地组织生产，确保产品的质量和供应。各部门之间的高效协作，能够使项目顺利推进，提高项目的执行效率和质量，实现企业的整体目标。这种高效的协作模式还能够打破部门之间的壁垒，促进信息的流通和共享，避免出现信息不对称和工作重复的情况，提高企业的整体运营效率。

多样化人才的组合如同一个充满创意和智慧的宝库，能够为企业提供丰富的思路和方法，从而提升企业的问题解决能力和创新能力。不同背景、不同专业、不同思维方式的人才汇聚在一起，能够产生思维的碰撞和灵感的火花。在一个创新项目中，来自不同领域的人才，如工程师、设计师、市场营销专家、心理学家等，从各自的专业角度出发，对项目提出不同的见解和建议。工程师关注技术的可行性和实现方案，设计师注重产品的外观和用户体验，市场营销专家了解市场需求和竞争态势，心理学家则能从用户心理的角度提供有价值的参考。这些不同的观点和建议相互融合，能够为项目带来全新的思路和解决方案，推动企业的创新发展。多样化人才的组合还能够使企业在面对复杂多变的市场环境和各种挑战时，更加从容地应对，通过整合各方资源和智慧，找到最佳的问题解决办法，提升企业的应变能力和竞争力。

四、实操指南：实现转变的路线图

（一）精准评估，摸清家底

要实现人才结构从“2/8”到“1/9”的转变，精准评估现有团队结构是首要任务。借助于先进的数据分析工具，企业能够全面、深入地了解当前人才布局。以员工绩效评估为例，企业通过设定明确、可量化的绩效指标，如工作任务完成率、项目成果质量、客户满意度等，运用数据分析软件对员工的工作表现进行打分和排名，从而清晰地分辨出高绩效员工和低绩效员工。在一家互联网企业中，通过对销售团队的绩效评估数据进行分析，企业发现部分销售人员的销售额远远高于平均水平，而另一部分销售人员的业绩则不尽如人意，这为后续的针对性培养和调整提供了依据。

技能地图也是一种有效的评估工具，它能够直观地展示员工所具备的技能、知识和经验，帮助企业识别出团队中的技能短板人员和高潜力人才。通过问卷调查、技能测试等方式收集员工的技能信息，然后将这些信息整合到技能地图中，企业可以一目了然地看到哪些岗位需要补充特定技能的人才，哪些员工具备跨岗位发展的潜力。在一家制造业企业中，通过绘制技能地图，企业发现生产线上部分员工具备机械维修技能，而设备维护部门正急需这样的人才，于是企业对这些员工进行内部调配或为他们提供相关培训，以满足不同部门的需求，实现人才的优化配置。

（二）精心规划，明确方向

明确转变目标是制定转变计划的关键。企业应根据自身的战略规划和发展需求，确定具体、可衡量的目标。若企业想提升整体团队绩效，则可以设定目标为在一定时间内，如一年内，将团队的整体绩效提升20%；若企业想提升员工满意度，则可以通过定期的员工满意度调查，设定目标将满意度提升到80%以上。这些明确的目标为后续的计划制定和实施提供了清晰的方向。

围绕转变目标，企业需要制定具体的调整方案。培训计划是提升员工能力和绩效的重要手段。根据员工的技能评估结果和岗位需求，企业可以为不同层次、不同岗位的员工设计个性化的培训课程。对于低绩效员工，企业可以提供基础技能培训和职业素养培训，帮助他们提升工作能力和职业态度；对于高潜力员工，企业可以提供高级管理培训、专业技能提升培训等，为他们的职业发展提供更广阔的空间。在一家金融企业中，针对新入职的员工，企业可以提供金融基础知识、业务流程和客户服务技巧等方面的培训；对于有一定工作经验的员工，企业可以提供风险管理、投资策略等高级课程培训，以满足不同员工的发展需求。

晋升机制的优化也是调整方案的重要内容。建立公平、公正、透明的晋升机制，能够激励员工积极进取，为实现“1/9”人才结构提供动力。晋升机制应基于员工的绩效表现、能力提升和职业素养等多方面因素进行综合评估。企业可以设定明确的晋升标准，如连续三个季度绩效排名在前20%，具备特定的专业技能和管理能力等，员工只要达到这些标准，就有机会获得晋升；同时，为员工提供晋升渠道和职业发展规划，让他们清楚地知道自己在企业中的发展路径和方向，激发他们的工作积极性和创造力。

（三）稳步推进，持续优化

通过试点项目推广新结构是一种稳妥的实施方法。企业可以选择部分具有代表性的团队进行试点，如选择一个业务部门或一个项目团队，在这些团队中率先实施“1/9”人才结构调整方案。在试点过程中，企业应密切关注团队的运行情况，收集员工的反馈意见。通过定期召开座谈会、发放调查问卷等方式，企业可以了解员工对新结构的看法、遇到的问题以及对培训和晋升机制的满意度。一家科技企业在一个研发项目团队中进行试点，员工反馈培训内容与实际工作结合不够紧密，企业根据这一反馈，及时调整培训课程，增加了实际项目案例分析和实践操作环节，使培训更具针对性和实用性。

定期评估转变效果是确保方案有效实施的关键。企业可以设定评估指标，如团队绩效提升情况、员工满意度变化、人才流失率等，通过对这些指标的定期监测和分析，判断转变方案的实施效果。如果发现团队绩效没有达到预期提升，企业需要深入分析原因，是培训效果不佳，还是晋升机制存在问题，或者是其他因素导致的，然后有针对性地进行优化调整。通过不断地评估和优化，企业能够逐步完善“1/9”人才结构，实现人才的高效配置和企业的可持续发展。

五、未来展望：拥抱人才结构新变革

在快速变化的商业世界中，人才结构的转变已成为企业适应市场变化、提升竞争力的关键举措。从传统的“2/8”结构向创新的“1/9”结构转变，犹如一场深刻的变革，为企业发展带来了新的生机与活力。

这一转变对企业的积极影响是多方面的。在团队绩效方面，“1/9”结构促使更多员工成为高效人才，他们紧密协作，形成强大的团队合力，推动企业整体绩效的提升。这种结构营造了积极向上的工作氛围，员工们在相互学习、相互激励中不断成长，实现个人价值与企业价值的共同提升。在创新能力上，多元化的人才组合为企业带来了丰富的思维碰撞和创新灵感，使企业能够在产品研发、服务优化、管理模式创新等方面不断突破，满足市场日益多样化的需求，增强企业的市场竞争力。

科学的实施步骤是实现人才结构转变的关键。精准评估现有团队结构，让企业对自身人才状况有清晰的认识，为后续的规划和调整提供有力依据；精心制定转变计划，明确目标和具体方案，可以确保转变过程有条不紊地进行；稳步推进试点项目，并根据反馈及时优化调整，使企业能够在实践中不断完善新的人才结构，实现人才的高效配置。

展望未来，那些积极拥抱人才结构变革，成功实现从“2/8”到“1-9”转变的企业，将在激烈的市场竞争中脱颖而出。它们将拥有更具活力和创新能力的团队，能够迅速响应市场变化，抓住发展机遇，实现可持续发展。而对于尚未进行转变的企业来说，应尽早认识到人才结构变革的重要性，积极借鉴成功经验，结合自身实际情况，制定并实施科学合理的转变策略，以适应时代发展的需求，在未来的商业舞台上赢得一席之地。

5 第五节 合作机制：开启高效团队的钥匙

在当今竞争激烈的商业世界中，合作机制已成为企业发展的核心驱动力。它不仅是团队协作的基石，更是提升企业创新能力和市场竞争力的关键因素。就像一艘航行在大海上的巨轮，高效的合作机制是其稳定前行的强大引擎，确保各个部门和团队成员紧密配合，朝着共同的目标破浪前行。

随着市场环境的日益复杂和多变，企业面临的挑战也越来越多。从产品创新到市场拓展，从客户服务到内部管理，每一个环节都需要团队成员之间的紧密协作。在这样的背景下，高效人才合作机制显得尤为重要，它能够整合企业内部的各种资源，充分发挥每一位员工的优势，使团队的力量得到最大化的发挥。

以苹果公司为例，其在产品研发过程中，设计团队、工程团队、市场营销团队等部门之间紧密合作，通过高效的沟通与协作，确保了每一款产品都能在创新、品质和用户体验上达到极致。这种合作机制不仅让苹果公司推出了一系列具有划时代意义的产品，还使其在全球市场上始终保持着领先地位。

再看特斯拉，这家在电动汽车领域取得巨大成功的企业，同样得益于高效的合作机制。在特斯拉的团队中，工程师、设计师、生产人员以及市场专家等不同专业背景的人才紧密合作，共同攻克了电池技术、自动驾驶技术等方面的一系列难题，推动了电动汽车行业的快速发展。

这些成功案例充分证明，高效人才合作机制是企业实现卓越发展的关键，它能够促进团队成员之间的信息共享和知识传递，激发创新思维，提高工作效率，增强团队凝聚力。在接下来的内容中，我们将深入探讨高效人才合作机制的内涵、关键特性、重要性、要素以及实施策略。

一、高效人才合作机制的内涵

高效人才合作机制是一套精心构建的系统化体系，旨在全方位促进组织内部各类人才之间的深度合作，从而助力团队顺利达成共同目标。这一机制犹如精密的齿轮组，每个部分都紧密咬合，协同运转。它涵盖了从人员选拔、任务分配，到沟通协调、资源共享等多个关键环节，通过科学合理的流程设计和工具运用，将不同背景、技能和经验的人才紧密联结在一起。

在这个机制中，人才的优势得以充分发挥，短板得到有效弥补。例如，在软件开发项目中，编程高手负责核心代码编写，设计专家专注于用户界面设计，测试人员则严格把控产品质量，他们在高效人才合作机制的引导下，各司其职又相互协作，共同推动项目顺利进行。这种合作并非偶然的组合，而是基于明确的目标和规划，通过合理的任务分配和资源调配，确保每个环节都能高效运转，最终实现项目的成功交付。

二、高效人才合作机制的关键特性

（一）开放性与透明性

在高效人才合作机制中，开放性与透明性是基石。信息在团队成员之间自由流动，沟通渠道畅通无阻。这意味着无论是项目进展、关键决策，还是资源分配等重要信息，都能及时、准确地传达给每一位相关成员。以字节跳动为例，公司内部广泛使用飞书等即时通信工具，员工可以随时分享工作中的想法、问题和经验，项目文档也实现了在线实时协作和共享，确保团队成员对项目情况了如指掌。这种开放性和透明性不仅提高了工作效率，还激发了员工的创新思维，因为每个人都能在充分了解信息的基础上提出更有价值的建议。

（二）灵活性与适应性

当今商业环境瞬息万变，高效人才合作机制必须具备强大的灵活性与适应性。它能够根据团队面临的不同任务需求、市场动态以及突发情况，迅速调整合作方式和策略。以疫情防控期间的企业为例，许多公司原本的线下办公模式转变为远程办公模式。那些拥有高效人才合作机制的企业，能够迅速适应这一变化，通过线上会议、远程协作工具等手段，确保团队沟通和项目推进不受影响。同时，它们还能根据市场需求的变化，及时调整产品研发方向和营销策略，保持企业的竞争力。

（三）互信与支持

团队成员之间的互信与支持是高效合作的灵魂。当成员彼此信任时，他们更愿意分享自己的想法和经验，也更敢于承担风险和提出创新建议。在谷歌公司，团队成员之间建立了深厚的信任关系，员工可以自由地表达自己的观点，即使是对上级的意见也能直言不讳。这种信任氛围不仅促进了团队合作，还激发了员工的工作热情和创造力。为了营造这样的氛围，企业可以通过组织团队建设活动、开展“一对一”沟通等方式，增进成员之间的了解和信任，同时鼓励成员在工作中相互支持、共同成长。

（四）明确的角色与责任分工

明确的角色与责任分工是高效人才合作机制的关键保障。每个团队成员都清楚自己的职责范围、工作目标以及在团队中的定位，这有助于避免任务重叠和责任推诿的情况发生。以建筑项目为例，项目经理负责整体规划和协调，设计师负责设计图纸，施工人员负责具体建设，材料供应商负责提供物资，每个环节的人员都有明确的任务和责任，这种明确的分工使得项目能够有条不紊地进行，提高了工作效率和质量。同时，定期的角色和责任回顾与调整，也能确保分工始终符合团队的发展需求。

三、高效人才合作机制的重要性

（一）提升团队绩效

高效人才合作机制是提升团队绩效的关键驱动力。在一个分工明确、协作顺畅的团队中，每个成员都清楚自己的职责和任务，从而避免工作的重复和冲突。以软件开发项目为例，程序员专注于代码编写，设计师负责界面设计，测试人员把关质量，他们在合作机制的协调下，紧密配合，大大提高了项目的开发速度和质量。通过合理的分工协作，团队能够充分发挥每个成员的专业优势，实现资源的优化配置，从而提高整体工作效率。

同时，资源共享也是合作机制提升团队绩效的重要方式。团队成员可以共享知识、经验、工具和设备等资源，避免重复劳动和资源浪费。例如，在一个市场营销团队中，市场调研人员收集的市场数据和消费者洞察可以为策划人员、销售人员等提供重要的参考，帮助他们更好地制定营销策略和推广方案。这种资源共享不仅提高了工作效率，还促进了团队成员之间的学习和成长。

（二）促进创新

多元化的交流与协作是激发创新思维的源泉。当不同背景、不同专业、不同思维方式的人才汇聚在一起，共同探讨问题、寻求解决方案时，他们的思想碰撞会产生无数的创新火花。

为了营造创新的氛围，企业可以鼓励团队成员提出不同的观点和想法，打破传统思维的束缚。例如，3M 公司实行的“15%时间法则”允许员工将 15%的工作时间用于自己感兴趣的项目，这一举措激发了员工的创新热情，催生了许多创新产品，如便利贴等。此外，组织创意讨论会、创新工作坊等活动，也可以为团队成员提供一个自由交流和创新的平台，促进创新成果的产生。

（三）提高员工满意度

良好的合作氛围对员工的工作满意度和归属感有着积极的影响。在一个相互信任、支持和尊重的团队中，员工能够感受到自己的价值和重要性，从而增强对工作的认同感和归属感。例如，谷歌公司以其开放、包容的企业文化和良好的团队合作氛围而闻名，员工们在这样的环境中工作，不仅能够充分发挥自己的才能，还能获得同事和上级的认可和支持，工作满意度和幸福感都很高。

企业可以通过组织团队建设活动、提供培训和发展机会、建立公平的激励机制等方式，营造良好的合作氛围。团队建设活动可以增进团队成员之间的了解和信任，加强团队凝聚力；培训和发展机会可以帮助员工提升能力和素质，实现个人成长；公平的激励机制可以激发员工的工作积极性和创造力，让他们感受到自己的努力得到了回报。这些措施都有助于提高员工的工作满意度和归属感，降低离职率。

（四）应对复杂挑战

在复杂多变的市场环境中，高效人才合作机制是团队灵活应变的有力保障。当团队面临各种挑战和机遇时，合作机制能够促使团队成员迅速沟通、协同工作，共同制定应对策略。例如，在疫情防控期间，许多企业面临着供应链中断、市场需求变化等问题，那些拥有高效合作机制的企业，能够迅速组织跨部门团队，共同寻找解决方案，调整生产计划和营销策略，从而在困境中实现生存和发展。

为了提升团队的应变能力，企业可以建立快速响应机制，确保在面对突发情况时能够迅速做出决策和行动。同时，加强团队成员之间的沟通和协作，提高信息传递的效率和准确性，也有助于团队及时了解市场动态和客户需求，做出正确的决策。此外，培养团队成员的创新思维和解决问题的能力，鼓励他们在面对挑战时勇于尝试新的方法和思路，也是应对复杂挑战的关键。

四、高效人才合作机制的要素

（一）沟通与协作工具

1. 开放沟通渠道

在当今数字化时代，即时通信工具和视频会议软件已成为团队实时沟通的得力助手。即时通信工具就像信息高速公路，团队成员可以在不同的频道中快速交流工作进展、分享想法和解决问题。无论是在办公室还是外出办公，只要有网络连接，员工就能随时随地与团队成员保持紧密联系。这种即时性的沟通方式大大缩短了信息传递的时间，提高了工作效率。而视频会议软件则打破了地域限制，让团队成员仿佛置身于同一间会议室。在疫情防控期间，许多企业借助于此类软件实现了远程办公和团队协作，通过视频会议进行项目讨论、工作汇报和培训学习，确保了业务的正常运转。这些工具的使用，使得团队沟通更加便捷、高效，为团队协作奠定了坚实的基础。

2. 有效协作工具

项目管理工具是实现任务跟踪和状态更新透明可视的关键。这类工具可以将项目任务分解为不同的卡片，每张卡片代表一个具体的任务，团队成员可以直观地看到任务的进度、负责人以及所处的阶段。随着任务的推进，卡片可以在不同的列之间移动，从“待办”到“进行中”再到“已完成”，整个过程一目了然。这种可视化的管理方式不仅便于团队成员了解项目的整体情况，还能及时发现任务中的瓶颈和问题，以便及时调整策略。

（二）共同目标与价值观

1. 目标共识

共同目标是团队前进的灯塔，它为团队成员指明了方向，赋予了工作以意义。当团队成员对共同目标达成共识时，他们会更加明确自己的工作方向和重点，从而更有动力地投入工作中。例如，在一个软件开发项目中，团队的共同目标是按时交付高质量的软件产品。为了实现这一目标，程序员、设计师、测试人员等不同角色的成员需要紧密合作，各自发挥专业优势。程序员专注于代码编写，设计师致力于打造美观易用的界面，测试人员则严格把关软件质量。只有当每个成员都清楚地理解并认同这个共同目标时，他们才能在工作中相互配合、协同作战，确保项目顺利推进。

2. 价值观认同

价值观是团队的灵魂，它决定了团队的行为准则和决策方式。通过定期的团队讨论和工作坊，企业可以促进团队成员对价值观的认同。比如，某公司倡导创新、合作、诚信的价值观，通过组织团队讨论，让成员分享自己对这些价值观的理解和体会，以及在工作中如何践行这些价值观。在讨论中，成员们可以相互学习、相互启发，从而加深对价值观的认同。此外，企业还可以将价值观融入团队的日常工作中，通过实际案例来引导成员的行为。例如，当团队成员提出一个创新的想法时，企业应及时给予肯定和鼓励，让大家感受到创新的价值；当团队成员在合作中遇到困难时，企业应引导他们相互支持、共同解决问题，体现合作的重要性。通过这些方式，企业可以让价值观在团队中生根发芽，成为成员们共同的行为准则。

（三）心理安全

1. 自由表达的环境

创造一个让团队成员能够自由表达想法的心理安全环境至关重要。在这样的环境中，成员们不用担心因为提出不同意见而受到批评或惩罚，能够充分发挥自己的创造力和想象力。例如，谷歌公司鼓励员工在会议上自由发言，即使是对上级的观点也可以质疑和提出建议。这种开放的氛围激发了员工的创新思维，许多优秀的产品和创意都源自员工的自由讨论。为了营造这样的环境，团队领导者可以以身作则，鼓励成员积极表达自己的想法，并认真倾听和对待每一个意见。同时，企业可以建立多元化的沟通渠道，如匿名反馈机制、小组讨论等，让成员们有更多的机会表达自己的观点。

2. **包容失败与错误**

对失败和错误采取包容的态度是促进团队学习和成长的关键。当团队成员在工作中遇到失败或错误时，团队领导者不应一味地指责和批评，而是要引导他们分析原因，从中吸取教训。例如，在创业公司中，失败是常有的事，但正是通过对失败的反思和总结，团队才能不断优化产品和服务，最终取得成功。为了营造包容失败的氛围，团队可以建立鼓励尝试的文化，让成员们敢于冒险和创新。同时，企业应提供相应的支持和资源，帮助成员在失败后能够迅速调整状态，重新出发。通过这种方式，企业可以让失败成为团队成长的垫脚石，而不是阻碍。

五、高效人才合作机制的实施策略

（一）团队建设活动

1. **增强凝聚力**

定期组织户外拓展、团体游戏等活动，能够有效增强团队的凝聚力。以户外拓展为例，像“信任背摔”这个经典项目，站在高台上的队员需要克服内心的恐惧，毫无保留地向后倒下，而下方的队员则要齐心协力，用坚实的手臂组成安全网接住他。这个过程不仅考验了队员之间的信任，更让大家深刻体会到团队支持的力量。在面临挑战时，团队成员相互鼓励，共同克服困难，能够极大地增强彼此之间的信任和默契，让团队成员感受到自己是团队中不可或缺的一部分，从而增强团队的凝聚力。

2. **提升协作能力**

通过培训和工作坊，企业可以系统地提升团队成员的团队协作能力。在沟通技巧培训中，专业的培训师会教导团队成员如何清晰地表达自己的想法，认真倾听他人的意见，以及如何进行有效的反馈。例如，在角色扮演活动中，成员们模拟工作场景中的沟通情境，通过实际演练来掌握沟通技巧，从而减少沟通中的误解和冲突。在团队协作培训中，通过模拟项目和案例分析，团队成员在实践中学习如何分工协作、如何发挥各自的优势，以及如何在团队中相互支持和配合。这些培训和工作坊能够帮助团队成员更好地理解团队协作的重要性，掌握团队协作的方法和技巧，从而提升团队的整体协作能力。

（二）跨部门协作

1. 打破部门壁垒

跨部门项目组是打破部门壁垒、促进不同部门之间合作与交流的有效方式。以某公司开发新产品为例，为了确保产品从研发到上市的全过程顺利进行，公司成立了由研发、市场、销售、生产等多个部门人员组成的跨部门项目组。在项目组中，不同部门的成员围绕共同的目标，充分发挥各自的专业优势。研发人员专注于产品的技术创新，市场人员提供市场需求和竞争态势的信息，销售人员根据市场反馈提出产品改进建议，生产人员则确保产品能够高效、高质量地生产。这种跨部门的合作，打破了部门之间的隔阂，实现了信息的快速流通和资源的优化配置，提高了项目的执行效率和成功率。

2. 信息共享与经验交流

定期举行跨部门交流会，能够促进不同部门之间的信息共享和经验交流。在交流会上，各部门可以分享自己在工作中的成功经验、遇到的问题以及解决方案。例如，市场部门分享最新的市场趋势和营销策略，技术部门介绍新技术的应用和研发成果，生产部门交流生产过程中的优化经验。这种信息共享和经验交流不仅能够拓宽团队成员的视野，还能为其他部门提供新的思路和方法，促进各部门之间的相互学习和共同进步。同时，通过交流会，各部门可以更好地了解彼此的工作内容和需求，减少因信息不对称而导致的误解和冲突，提高跨部门协作的效率。

（三）持续反馈与改进

1. 团队回顾会议

团队回顾会议是收集团队成员反馈的重要平台。在会议上，团队成员可以畅所欲言，分享自己在合作过程中的感受、遇到的问题以及对合作机制的建议。例如，成员可以提出沟通渠道不够畅通，导致信息传递不及时，或者任务分配不合理，导致某些成员的工作量过大。通过这些反馈，团队能够及时发现合作机制中存在的不足，从而有针对性地进行改进。同时，团队回顾会议也是一个总结经验的过程，成员们可以分享在项目中取得成功的经验和方法，以便在今后的工作中继续使用。

2. 绩效评估与调整

设定明确的绩效指标是评估合作机制有效性的关键。这些指标可以包括团队的工作效率、项目完成质量、成员之间沟通满意度等。通过对这些指标的定期评估，团队可以了解合作机制的运行效果。如果发现某个指标未达到预期，团队就需要深入分析原因，是合作方式存在问题，还是资源配置不合理等。根据评估结果，团队可以及时调整合作机制，优化工作流程，重新分配资源，以提高团队的合作绩效。例如，如果发现项目完成质量不高，团队可能需要加强质量控制环节，增加培训和指导，以提升团队成员的工作能力和质量意识。

六、展望：持续优化，迈向卓越

在当今竞争激烈的商业环境中，高效人才合作机制已成为企业发展的核心竞争力。通过明确的定义、关键的特性和要素以及有效的实施策略，企业能够构建良好的合作环境，促进人才之间的深度协作，推动组织不断向前发展。

展望未来，持续优化人才合作机制将是企业实现可持续发展的关键。

随着科技的飞速发展和市场环境的不断变化，企业需要不断适应新的挑战和机遇，持续改进和完善人才合作机制。在沟通与协作工具方面，随着人工智能和大数据技术的不断发展，未来的沟通与协作工具将更加智能化和个性化。例如，智能项目管理工具可以根据团队成员的工作习惯和项目进度，自动分配任务和提醒工作，提高工作效率。同时，虚拟现实和增强现实技术也可能应用于团队协作中，让远程团队成员能够更加身临其境地进行沟通和协作。

在共同目标与价值观方面，企业需要更加注重文化建设，将共同目标和价值观融入企业文化，让每一位员工都能够深刻理解和认同。通过开展企业文化活动、建立企业价值观培训体系等方式，企业可以不断强化员工对共同目标和价值观的认同感。同时，企业还需要关注员工的个人发展目标，将个人目标与企业目标相结合，实现员工与企业的共同成长。

在心理安全方面，企业需要进一步营造开放、包容的文化氛围，让员工能够更加自由地表达自己的想法和意见；建立多元化的沟通渠道和反馈机制，鼓励员工积极参与企业的决策和管理。同时，企业还需要加强对员工的关怀和支持，关注员工的心理健康，帮助员工解决工作和生活中的问题。

在实施策略方面，企业需要不断创新团队建设活动和跨部门协作方式，提高团队的凝聚力和协作能力。例如，利用在线协作平台开展远程团队建设活动，打破地域限制，让团队成员能够更加便捷地参与进来。同时，企业应完善团队绩效评估反馈机制，提高团队合作绩效，促进企业的持续发展。

高效人才合作机制是企业发展的重要保障。通过持续优化合作机制，企业能够不断提升团队的绩效和创新能力，增强员工的满意度和归属感，更好地应对复杂多变的市场环境，实现可持续发展。在未来的发展中，企业应高度重视人才合作机制的建设和优化，不断探索新的方法和途径，为发展注入强大的动力。

6 第六节 人才升级的挑战与应对

一、面临的挑战

在人才升级的道路上，企业犹如逆水行舟，面临着诸多严峻的挑战。

招聘环节的挑战就像一座难以逾越的高山。随着市场竞争的日益激烈，优秀人才成为众多企业竞相追逐的目标。企业不仅要与同行业的竞争对手争夺人才，还要面对新兴行业对人才的分流。例如，在互联网行业蓬勃发展的今天，许多传统行业的优秀人才被吸引到互联网领域，使得传统行业的企业在招聘时面临更大的困难。同时，招聘渠道的局限性也制约着企业获取人才的范围。一些企业仍然依赖传统的招聘渠道，如招聘网站、招聘会等，这些渠道虽然能够吸引一定数量的求职者，但难以满足企业对高端、稀缺人才的需求。而新兴的招聘渠道，如社交媒体招聘、人才推荐平台等，虽然具有一定的优势，但企业在运用这些渠道时还存在经验不足、效果不佳等问题。

人才培养是另一个棘手的难题。培养周期长是人才培养面临的主要问题之一。培养一名优秀的专业人才，往往需要数年甚至更长的时间，其间企业需要投入大量的时间、精力和资源。然而，在快速变化的市场环境下，企业的业务需求可能发生变化，导致培养出来的人才无法及时满足企业的需求。此外，培训效果不佳也是企业面临的问题之一。一些企业的培训内容缺乏针对性，不能满足员工的实际需求；培训方式单一，以理论授课为主，缺乏实践操作和案例分析，导致员工对参加培训的积极性不高，培训效果大打折扣。

人才管理同样不容忽视。管理理念和方法的落后，使得企业难以充分激发员工的积极性和创造力。一些企业仍然采用传统的管理模式，强调层级管理和制度约束，忽视了员工的个性化需求和职业发展规划。这种管理模式容易导致员工的工作积极性受挫，工作效率低下，甚至出现人才流失的情况。员工激励机制不完善也是一个重要问题。激励方式单一，主要以物质激励为主，缺乏精神激励和职业发展激励，难以满足员工的多元化需求。激励力度不足，无法充分调动员工的工作积极性和创造力，使得员工的工作动力不足。

二、应对措施

面对这些挑战，企业需要积极采取应对措施，以实现人才升级的目标。

在招聘方面，企业要像拓展业务版图一样，拓宽招聘渠道。除了传统的招聘渠道外，企业要充分利用社交媒体、专业人才网站、行业论坛等新兴渠道，扩大招聘信息的传播范围，吸引更多潜在的候选人。企业可以在网络平台上发布职位信息，与潜在候选人建立联系，也可以参与行业活动和会议，与专业人才进行面对面的交流，了解行业动态和人才市场情况。同时，企业要注重雇主品牌建设，通过提升企业的知名度、美誉度和吸引力，吸引优秀人才主动加入。例如，企业可以通过展示企业文化、员工福利、发展机会等方面的优势，树立良好的雇主形象，吸引人才的关注。

优化培训体系是提升人才培养效果的关键。企业要根据员工的岗位需求、职业发展规划和个人能力，制定个性化的培训计划，确保培训内容与员工的实际需求紧密结合。企业可以采用线上线下相结合的培训方式，如在线课程、直播培训、现场实践等，提高培训的灵活性和实效性，还可以引入行动学习、案例教学、模拟演练等培训方法，让员工在实践中学习和成长。此外，企业要建立培训效果评估机制，及时了解员工对培训的反馈和意见，对培训内容和方式进行调整和优化，确保培训效果最大化。

创新管理模式和完善激励机制是提升人才管理水平的重要手段。企业要引入现代管理理念，如以人为本、团队合作、创新驱动等，注重员工的个性化需求和职业发展规划，营造良好的工作氛围和企业文化；可以采用扁平化管理、项目制管理等管理模式，打破层级管理的束缚，提高员工的工作效率和创新能力。在激励机制方面，企业要建立多元化的激励体系，将物质激励与精神激励相结合，如设立绩效奖金、给予股权激励、授予荣誉称号、提供晋升机会等，满足员工的多元化需求。同时，要根据员工的工作表现和贡献，及时给予激励和奖励，提高员工的工作积极性和创造力。

三、总结

人才升级是企业发展的永恒主题，是企业在激烈的市场竞争中立于不败之地的关键所在。通过构建高密度人才团队、实施“一人一策”的人才管理、推动人才结构从“2/8”到“1/9”的转变以及建立高效人才合作机制，企业能够不断提升人才的质量和竞争力，为企业的发展注入强大的动力。

未来，随着科技的飞速发展和市场的不断变化，人才升级的重要性将会凸显。企业需要不断适应新的形势和挑战，持续优化人才战略，加大对人才的投入和培养力度，吸引和留住更多优秀的人才。同时，企业要注重人才的创新能力和综合素质的提升，培养具有国际视野、创新精神和实践能力的复合型人才，以满足企业未来发展的需求。

人才升级不仅是企业实现可持续发展的必由之路，也是推动整个行业进步和社会发展的重要力量。让我们共同期待，在人才升级的驱动下，企业能够创造更加辉煌的业绩，为经济社会的发展做出更大的贡献。

参考资料

[1] 彼得·德鲁克. 管理的实践 [M]. 齐若兰，译. 北京：机械工业出版社，2009.

[2] 弗雷德里克·泰勒. 科学管理原理 [M]. 马风才，译. 北京：机械工业出版社，2013.

[3] 彼得·德鲁克. 卓有成效的管理者 [M]. 许是祥，译. 北京：机械工业出版社，2009.

[4] 亚伯拉罕·马斯洛. 人的潜能和价值 [M]. 林方，主编. 北京：华夏出版社，1987.

[5] 斯蒂芬·罗宾斯. 组织行为学 [M]. 16 版. 孙健敏，译. 北京：中国人民大学出版社，2016.

[6] 斯蒂芬·罗宾斯，玛丽·库尔特. 管理学 [M]. 15 版. 刘刚，等译. 北京：中国人民大学出版社，2022.

[7] 拉姆·查兰，斯蒂芬·德罗特，詹姆斯·诺埃尔. 领导梯队 [M]. 徐中，译. 北京：机械工业出版社，2011.

[8] 吉姆·柯林斯. 从优秀到卓越 [M]. 俞利军，译. 北京：中信出版社，2006.

[9] 迈克尔·波特. 竞争战略 [M]. 陈丽芳，译. 北京：中信出版社，2014.

[10] 亨利·明茨伯格. 管理工作的本质 [M]. 方海萍，译. 北京：中国人民大学出版社，2016.

[11] 约翰·科特. 领导变革 [M]. 徐中，译. 北京：机械工业出版社，2021

[12] 戴维·尤里奇. 人力资源转型：为组织创造价值和达成成果 [M]. 李祖滨，孙晓平，译. 北京：电子工业出版社，2024.

[13] 戴维·尤里奇. 赢在组织：从人才争夺到组织发展 [M]. 孙冰，范海鸿，译. 北京：机械工业出版社，2019

[14] 马库斯·白金汉，柯特·科夫曼. 首先，打破一切常规 [M]. 鲍世修，译. 北京：中国青年出版社，2011.

[15] 彭剑锋. 人力资源管理概论 [M]. 上海：复旦大学出版社，2018.

[16] 周三多，陈传明. 管理学 [M].5 版. 北京：高等教育出版社，2018.